1000 frases para refletir

Editora Appris Ltda.
1.ª Edição - Copyright© 2021 dos autores
Direitos de Edição Reservados à Editora Appris Ltda.

Nenhuma parte desta obra poderá ser utilizada indevidamente, sem estar de acordo com a Lei nº 9.610/98. Se incorreções forem encontradas, serão de exclusiva responsabilidade de seus organizadores. Foi realizado o Depósito Legal na Fundação Biblioteca Nacional, de acordo com as Leis nos 10.994, de 14/12/2004, e 12.192, de 14/01/2010.

Catalogação na Fonte
Elaborado por: Josefina A. S. Guedes
Bibliotecária CRB 9/870

```
A447m    Almeida, Jair Ferreira de
2021        1000 frases para refletir / Jair Ferreira de Almeida.
            - 1. ed. - Curitiba: Appris, 2021.
            159 p. ; 23 cm.

            Inclui bibliografia.
            ISBN 978-65-250-0272-9

            1. Citações. 2. Máximas. I. Título. II. Série.

                                                CDD – 808.882
```

Appris editora

Editora e Livraria Appris Ltda.
Av. Manoel Ribas, 2265 — Mercês
Curitiba/PR — CEP: 80810-002
Tel. (41) 3156 - 4731
www.editoraappris.com.br

Printed in Brazil
Impresso no Brasil

J. Almeida

1000 frases para refletir

FICHA TÉCNICA

EDITORIAL	Augusto V. de A. Coelho
	Marli Caetano
	Sara C. de Andrade Coelho
COMITÊ EDITORIAL	Andréa Barbosa Gouveia (UFPR)
	Jacques de Lima Ferreira (UP)
	Marilda Aparecida Behrens (PUCPR)
	Ana El Achkar (UNIVERSO/RJ)
	Conrado Moreira Mendes (PUC-MG)
	Eliete Correia dos Santos (UEPB)
	Fabiano Santos (UERJ/IESP)
	Francinete Fernandes de Sousa (UEPB)
	Francisco Carlos Duarte (PUCPR)
	Francisco de Assis (Fiam-Faam, SP, Brasil)
	Juliana Reichert Assunção Tonelli (UEL)
	Maria Aparecida Barbosa (USP)
	Maria Helena Zamora (PUC-Rio)
	Maria Margarida de Andrade (Umack)
	Roque Ismael da Costa Güllich (UFFS)
	Toni Reis (UFPR)
	Valdomiro de Oliveira (UFPR)
	Valério Brusamolin (IFPR)
ASSESSORIA EDITORIAL	Natalia Lotz Mendes
REVISÃO	João Simino
PRODUÇÃO EDITORIAL	Jaqueline Matta
DIAGRAMAÇÃO	Daniela Baumguertner
CAPA	Eneo Lage
COMUNICAÇÃO	Carlos Eduardo Pereira
	Débora Nazário
	Kananda Ferreira
	Karla Pipolo Olegário
LIVRARIAS E EVENTOS	Estevão Misael
GERÊNCIA DE FINANÇAS	Selma Maria Fernandes do Valle
COORDENADORA COMERCIAL	Silvana Vicente

Sumário

Introdução 7
Sabedoria, sociedade, educação e virtudes 9
Somos o resultado dos nossos pensamentos,
sentimentos e ações 31
Problemas e adversidades: tempo, paciência,
destino e aceitação 39
Propósitos, sonhos e objetivos 51
Depressão, ansiedade, medo, pensamentos negativos:
viver no passado e no futuro 59
Foco, determinação, persistência, ânimo, coragem,
vontade, pensamentos positivos e busca pelo sucesso 71
Felicidade, paz, amor incondicional e conforto espiritual 95
Breve apresentação dos citados 121

Introdução

Assim como colocamos comida no nosso corpo todos os dias para alimentá-lo, é necessário colocar bons pensamentos na nossa mente para alimentá-la, tornando-a saudável e para poder colher bons frutos. Este livro foi escrito entre março e abril de 2020, durante a quarentena imposta ao mundo devido à pandemia do coronavírus — Covid-19. É um livro para ser lido lentamente, procurando entender o significado de cada frase.

O entendimento do significado das frases pode servir no convívio com a família, no convívio com colegas de trabalho ou no relacionamento com pessoas em diversas situações. Destina-se a todas as pessoas que se esforçam para se autoconhecer. São frases motivadoras, ligadas à solidariedade, à prática do amor, à honestidade, à persistência, à gratidão, ao trabalho, à fé e à determinação, que servem de alimento para o espírito, fortalecendo-o para atravessar períodos de crise ou até mesmo ao longo do dia a dia. As frases foram pinçadas de livros, filmes, conversas com amigos, palestras e de sites na internet. Elas não possuem uma ordem, portanto, o livro não tem um começo, meio e fim. Em qualquer página o leitor encontrará um motivo para reflexão. Algumas frases são de fácil entendimento, outras merecem maior reflexão para alcançar o seu significado. O leitor vai encontrar uma frase que concordará plenamente e outras que discordará ou que parecerão não ter nenhum significado nos dias de hoje. Desejo-lhe boas reflexões!

J. Almeida

Sabedoria, sociedade, educação e virtudes

As frases agrupadas neste capítulo versam sobre vida, virtudes, política, sociedade, educação, caráter, exemplos de vida, sabedoria e morte. As frases devidamente refletidas podem dar um rumo para se viver com sensatez. As frases em anonimato foram ditas em filmes, palestras, pregações e conversa com amigos. Algumas são repetidas de propósito para alicerçar os ensinamentos. As frases devem ser lidas devagar, procurando entender mais a fundo seu significado.

1

Considera-se a gratidão como a mãe das virtudes. (anônimo).

2

Quem de mim se alimenta, por mim viverá (Jesus Cristo). Será lembrado aquele que age de acordo com os ensinamentos Dele. Vive em paz aquele que age corretamente.

3

Não permita ser alguém que outros querem que você seja. (anônimo).

4

Não rebaixe o outro para se sentir por cima. (anônimo).

5

Não se passe por quem você não é. (anônimo).

6

Sabedoria não vem só com a idade. Existem jovens sábios e existem velhos tolos. (anônimo).

A vida, por si só, é muito simples. (anônimo).

"A verdade não está lá fora, a verdade está dentro de você." (Buda).

"Quando duas pessoas trocam seus pães, cada um volta com um pão. Quando trocam ideias, voltam com duas ideias." (Buda).

"Perguntaram ao Buda: o que você ganhou com a meditação? Ele respondeu: 'Nada. Mas, deixe-me dizer o que perdi: ansiedade, raiva, depressão, insegurança, medo da velhice e da morte'." (Buda).

"Saúde é o maior presente, satisfação é a maior riqueza, fidelidade é o melhor relacionamento." (Buda).

"No final, apenas três coisas importam: quanto você amou, quão gentilmente viveu, quão graciosamente deixou de lado as coisas que não eram para você." (Buda).

"O desejo é a raiz do mal." (Buda).

"É fácil enxergar defeitos nos outros. Difícil é enxergar os nossos." (Buda).

"Viva corretamente sem se importar com a opinião alheia." (Buda).

"Manter o corpo em boa saúde é um dever; caso contrário, não seremos capazes de manter a nossa mente forte e clara." (Buda).

Aprenda a ter opinião própria. Leia, questione e conclua. (anônimo).

18

"Ensine esta tríplice verdade a todos: um coração generoso, um discurso amável e uma vida de serviço e compaixão são as coisas que renovam a humanidade." (Buda).

19

"Existem apenas dois erros que podemos cometer no caminho da verdade; não indo até o fim, e não começando." (Buda).

20

"A dor é certa, o sofrimento é opcional." (Buda).

21

"Nem o fogo, nem o vento, nem a morte podem apagar nossas boas ações." (Buda).

22

Reflita antes de falar, normalmente os sábios, após a reflexão, calam-se. (anônimo).

23

Deixe um legado de honestidade, disciplina, respeito ao próximo e responsabilidade social e terá deixado um grande legado. (anônimo).

24

"Não demore para corrigir um erro." (Confúcio).

25

Você se torna mais respeitado quando admite que errou. (anônimo).

26

Os filhos aprendem com os pais e os pais aprendem com os filhos. (anônimo).

27

"Qualquer homem pode ser um sábio." (Mêncio).

28

Não basta ler um livro. É preciso refletir sobre o que se lê. (anônimo).

29

Todos nós erramos. Não critique tanto. Não julgue como se nunca tivesse errado. (anônimo).

30

Devolva aquilo que lhe foi emprestado. (anônimo).

31

Procure viver aprendendo sempre, na honestidade, com bom senso, com retidão e com respeito ao próximo, assim não temerá a morte. (anônimo).

32

"Não fale tudo que pensa, mas pense em tudo que vai falar." (Aristóteles).

33

No fundo, no fundo, nossa consciência nos diz o que é certo e o que é errado. (anônimo).

34

Receber conselho de outro é bom, melhor ainda é receber conselho de você mesmo. Ouça sua consciência. (anônimo).

35

"Só a experiência própria é capaz de tornar sábio o ser humano." (Sigmund Freud).

36

"Nunca tenha certeza de nada, porque a sabedoria começa com a dúvida." (Sigmund Freud).

37

Falar é fácil, difícil é fazer. (ditado popular).

38

"Conhecer a si mesmo é o começo de toda sabedoria." (Aristóteles).

39

"O que não provoca minha morte faz com que eu fique mais forte." (Friedrich Nietzsche).

40

Sempre é melhor optar pela verdade. (anônimo).

41

A vida está cheia de exemplos, mas a gente não presta atenção. (anônimo).

42

Você tem que agradar a si mesmo. Quem quer agradar a todos acaba não agradando a ninguém. Faça aquilo que sua consciência diz que é certo fazer. (anônimo).

43

Não tem como fugir da luta, a partir do momento que você nasceu, começa sua luta. Se servir de consolo, um dia essa luta termina, para todos nós. (anônimo).

44

Não exija nada das pessoas, mas procure ser um exemplo para elas. (anônimo).

45

Preocupe-se com o que lhe diz respeito, não seja enxerido. (anônimo).

46

Cão que late não morde. Por via das dúvidas, não arrisque. (ditado popular).

47

Pimenta nos olhos dos outros é colírio. Não siga todo conselho, filtre-os. (ditado popular).

48

A pressa é inimiga da perfeição. Um pouco de calma e foco faz bem e agiliza o trabalho. (ditado popular).

49

Nada melhor do que falar a verdade. Pode ser contraditório, mas a verdade liberta. (anônimo).

50

Em terra de cego, quem tem um olho é rei. Uma pessoa com pouco conhecimento de um assunto no meio de outros que não conhecem nada do assunto. (ditado popular).

51

Mentira tem perna curta. Hoje, esse ditado popular antigo é ainda mais verdadeiro.

52

Quem mistura-se com porcos, farelo come. Esse ditado popular antigo nos alerta para o perigo de se misturar com pessoas de má índole.

53

Não ponha a carroça na frente dos bois. Esse ditado popular antigo nos alerta para não ser precipitado ao agir. Os acontecimentos seguem um curso natural.

54

Nem tudo que reluz é ouro. Às vezes uma coisa ou uma pessoa não é o que parece ser. (ditado popular).

55

"Não vivemos para comer, mas comemos para viver." (Sócrates).

56

"Ninguém se preocupa em ter uma vida virtuosa, mas apenas com quanto tempo poderá viver. Todos podem viver bem, ninguém tem o poder de viver muito." (Sêneca).

57

"Sábio é aquele que conhece os limites da própria ignorância." (Sócrates).

58

"O que deve caracterizar a juventude é a modéstia, o pudor, o amor, a moderação, a dedicação, a diligência, a justiça, a educação. São essas as virtudes que devem formar o seu caráter." (Sócrates).

59

"A sabedoria começa na reflexão." (Sócrates).

60
Buda ensinou a seguir na vida pelo caminho do meio, querendo transmitir que devemos nos guiar pelo bom senso. (anônimo).

61
Procure se esforçar para não falar mal de ninguém. Sabemos que isso é muito difícil. (anônimo).

62
O autoconhecimento ajuda a pessoa a entender a vida como ela é. (anônimo).

63
Pensar é importante, parar de pensar também é. (anônimo).

64
É bom que você conheça o mundo. Melhor seria se o mundo lhe conhecesse. (anônimo).

65
A vida nos ensina todos os dias. (anônimo).

66
Pensar que os humanos são os únicos seres racionais no universo é pensar pequeno. (anônimo).

67
Eduque-se e eduque a sociedade. (anônimo).

68
"Lembre-se de que quando você deixar este mundo, você não pode levar nada que tenha recebido; somente o que você deu." (São Francisco de Assis).

69
A mentira tem perna curta. A pessoa que mente gasta tempo e dinheiro para sustentar aquela mentira. (ditado popular).

70
Quando você perde dinheiro você recupera, quando você perde tempo não recupera. (anônimo).

71

"Inteligência é a capacidade de se adaptar à mudança." (Stephen Hawking).

72

"Por mais difícil que a vida possa parecer, há sempre algo que você pode fazer e ter sucesso." (Stephen Hawking).

73

"O maior inimigo do conhecimento não é a ignorância, é a ilusão do conhecimento." (Stephen Hawking).

74

"Eu sou apenas uma criança que nunca cresceu. Eu continuo perguntando essas questões 'como' e 'por que'. Ocasionalmente, encontro uma resposta." (Stephen Hawking).

75

O que importa não é quantos anos você vai viver, mas sim o quanto sua vida vai impactar na evolução das vidas de outras pessoas. Queira estar vivo até quando sua via impactar. (anônimo).

76

Prefira a crítica dura e verdadeira do que elogios falsos. (anônimo).

77

Se você é uma dessas pessoas que diz tudo que vem na ideia, então esteja preparado também para ouvir tudo que vem na ideia dos outros. (anônimo).

78

Podemos ter uma noção do caráter de uma pessoa, observando como ela trata as pessoas que nada lhe tem a oferecer. (anônimo).

79

Diga a verdade mesmo que se machuque ou machuque alguém. A verdade está acima da mentira. Pague o preço dos seus erros sem reclamar. (anônimo).

80

De nada adianta temer a morte, pois ela virá. O jeito é estar de bem com a consciência, pois parece que é ela quem nos julgará. (anônimo).

81

"Se nós não entendemos a vida, como poderemos entender a morte?" (Confúcio).

82

Até hoje ninguém provou que existe ou que não existe vida após a morte, na dúvida melhor fazer a passagem com todas as nossas contas em dia, e não chegar lá com dívidas a pagar. (anônimo).

83

"Sobre o assunto da morte, o dia que chegar, chegou. Pode ser hoje ou daqui a 50 anos. A única coisa certa é que ela vai chegar." (Ayrton Senna).

84

A vida é para ser vivida na sua plenitude e dela faz parte a morte. (anônimo).

85

A morte vai chegar para o rico e para o pobre, para o desconhecido e para o famoso. O que difere é a forma como ela chega. Às vezes chega de repente quando nem a pessoa nem os parentes e amigos esperam por ela, outras vezes ela é anunciada, mas demora a chegar. Às vezes ela é pesada, outras vezes leve. (anônimo).

86

A morte deveria chegar enquanto estivéssemos dormindo, assim não saberíamos que ela chegou. (anônimo).

87

"Mas eis a hora de partir: eu para morte, vós para a vida. Quem de nós segue o melhor rumo ninguém o sabe, exceto os deuses." (Sócrates).

88

"A cada chamado da vida, o coração deve estar pronto para a despedida e para novo começo, com ânimo e sem lamúrias." (Hermann Hesse).

89

Quem teme a morte é porque não viveu a vida como deveria ter vivido. (anônimo).

90

"Ninguém morre. O aperfeiçoamento prossegue em toda parte. A vida renova e eleva os quadros múltiplos de seus servidores, conduzindo-os, vitoriosa e bela, à União suprema com a Divindade." (Chico Xavier).

91

Se você agir para se tornar uma pessoa cada vez melhor, então não temerá a morte. (anônimo).

92

"Não vai durar para sempre. Um dia, a dor terá ido embora e você continuará a ser o que era." (Harold Kushner).

93

Quem tem consciência tranquila, não teme a morte. (anônimo).

94

"Ninguém é tão sábio que não tenha algo pra aprender e nem tão tolo que não tenha algo pra ensinar." (Blaise Pascal).

95

"A virtude de alguém deve ser medida não por seus esforços extraordinários, mas por sua conduta cotidiana." (Blaise Pascal).

96

"Uma vez que não podemos ser universais e saber tudo quanto se pode saber acerca de tudo, é preciso saber-se um pouco de tudo, pois é muito melhor saber-se alguma coisa de tudo do que saber-se tudo apenas de uma coisa." (Blaise Pascal).

97

"O aumento do conhecimento é como uma esfera dilatando-se no espaço: quanto maior a nossa compreensão, maior o nosso contato com o desconhecido." (Blaise Pascal).

98

"Deus fez o homem à sua semelhança, e o homem em retribuição, fez Deus à sua imagem." (Blaise Pascal).

99

"O homem vem à terra para uma permanência muito curta, para um fim que ele mesmo ignora, embora às vezes julgue sabê-lo." (Albert Einstein).

100

"É mais fácil suportar a morte sem pensar nela do que suportar o pensamento da morte sem morrer." (Blaise Pascal).

101

"Quanto mais conheço as pessoas, mais gosto do meu cão." (Blaise Pascal).

102

"O problema do mundo é que tolos e fanáticos estão sempre cheios de convicção, enquanto os sábios estão sempre cheios de dúvidas." (Bertrand Russell).

103

"Se uma opinião contrária à sua própria faz você sentir raiva, isso é um sinal de que você está subconscientemente ciente de não ter nenhuma boa razão para pensar como pensa." (Bertrand Russel).

104

"O pensamento é grande livre e rápido: é a luz do mundo e a glória mais alta do ser humano." (Bertrand Russel).

105

"É quase impossível conciliar as exigências do instinto sexual com as da civilização." (Sigmund Freud).

106

"O problema é que ninguém na história encontrou a mistura perfeita entre segurança e liberdade." (Zigmunt Bauman).

107

"A única coisa que podemos ter certeza é a incerteza." (Zigmunt Bauman).

108

"A pobreza não é um acidente. Assim como a escravidão e o Apartheid, a pobreza foi criada pelo homem e pode ser ultrapassada e erradicada pelas ações dos seres humanos." (Nelson Mandela).

109
"Levante suas palavras, não sua voz. É a chuva que faz as flores crescerem, não os trovões." (Rumi).

110
"É impossível um homem aprender aquilo que ele acha que já sabe." (Epíteto).

111
Às vezes, o silêncio é um ato prudente e inteligente. (anônimo).

112
"Toda beleza envelhece, o dinheiro acaba e a piada perde a graça. Apenas sua essência permanece. Então impressiona o mundo com seu caráter." (Kenia Cristina).

113
"Mesmo quando tudo parece desabar, cabe a mim decidir entre rir ou chorar, ir ou ficar, desistir ou lutar; porque descobri, no caminho incerto da vida, que o mais importante é o decidir." (Cora Coralina).

114
"Aprendi que a coragem não é a ausência do medo, mas o triunfo sobre ele. O homem corajoso não é aquele que não sente medo, mas o que conquista esse medo." (Nelson Mandela).

115
"O saber a gente aprende com os mestres e os livros. A sabedoria, se aprende é com a vida e com os humildes." (Cora Coralina).

116
"Um povo que elege corruptos, impostores, ladrões e traidores, não é vítima. É cúmplice." (George Orwell).

117
"Ninguém nasce odiando outra pessoa pela cor de sua pele, por sua origem ou ainda por sua religião. Para odiar, as pessoas precisam aprender, e se podem aprender a odiar, podem ser ensinadas a amar." (Nelson Mandela).

118
Ficar pensando na morte é um grande sofrimento. (anônimo).

119
"Aprenda com os erros dos outros. Você não consegue viver tempo suficiente para cometer todos os erros por si mesmo." (Eleanor Roosevelt).

120
"Preocupe-se com o que as pessoas dizem e você sempre será prisioneiro delas." (Lao Tzu).

121
"Eu ainda estou aprendendo." (Michelangelo, aos 87 anos).

122
"O mundo não é dos espertos. É das pessoas honestas e verdadeiras. A esperteza um dia é descoberta e vira vergonha. A honestidade se transforma em exemplo para as próximas gerações. Uma corrompe a vida; outra enobrece a alma." (Chico Xavier).

123
"O que temos nós deixamos. O que somos nós levamos." (Divaldo Pereira Franco).

124
"É costume de um tolo, quando erra, queixar-se dos outros. É costume de um sábio queixar-se de si mesmo." (Sócrates).

125
"Não somos responsáveis apenas pelo que fazemos, mas também pelo que deixamos de fazer." (Molière).

126
As escolas de engenharia precisam se atentar para não ensinar aquilo que já é obsoleto. (anônimo).

127
"Aquele que cometeu um erro e não o corrigiu, está cometendo outro erro." (Confúcio).

128
"A natureza nos deu uma língua e dois ouvidos para que ouçamos mais do que falamos." (Diógenes Laércio).

129

"Aquele que domina os outros é forte; aquele que domina a si mesmo é todo-poderoso." (Lao Tsu).

130

"Faça o que puder, com o que tiver, onde estiver." (Theodore Roosevelt).

131

"Quem torna as coisas mais fáceis para os outros, acaba tornando as coisas mais fáceis para si mesmo." (ditado asiático).

132

"Nem sempre é verdade o que está escrito em algum lugar; é necessário provar a verdade com atos." (Esopo).

133

"Não são os anos de sua vida que contam. É a vida em seus anos." (Abraham Lincoln).

134

"Uma pessoa que nunca cometeu um erro, nunca tentou nada de novo." (Albert Einstein).

135

"Quando deixamos de contribuir, começamos a morrer." (Eleanor Roosevelt).

136

"Mestre não é quem sempre ensina, mas quem de repente aprende." (João Guimarães Rosa).

137

"Lembre-se de que não conseguir o que você quer é, algumas vezes, um lance de sorte." (Dalai Lama).

138

"O amigo deve ser como o dinheiro, cujo valor já conhecemos antes de termos necessidade dele." (Sócrates).

139

"Podemos julgar o coração de um homem pela forma como ele trata os animais." (Immanuel Kant).

140
Ler não basta, é preciso refletir sobre aquilo que se leu. (anônimo).

141
"Os filósofos limitaram-se a interpretar o mundo de diversas maneiras; o que importa é modificá-lo." (Karl Marx).

142
"Não te interesses sobre a quantidade, mas sim sobre a qualidade dos vossos amigos." (Sêneca).

143
"Não basta conquistar a sabedoria, é preciso usá-la." (Cícero).

144
"A vida não examinada não vale a pena ser vivida." (Sócrates).

145
"A felicidade do corpo consiste na saúde, e a do espírito, na sabedoria." (Tales de Mileto).

146
"O prazer dos grandes homens consiste em poder tornar os outros mais felizes." (Blaise Pascal).

147
"Dar exemplo não é a principal maneira de influenciar os outros; é a única maneira." (atribuído a Albert Einstein).

148
"É brincando que se diz o que se pensa." (ditado popular).

149
"É mais fácil vencer um mau hábito hoje do que amanhã." (Confúcio).

150
"O silêncio é um amigo que nunca trai" (Confúcio). Quer guardar um segredo? Guarde-o no silêncio.

151

"Para conhecermos os amigos é necessário passar pelo sucesso e pela desgraça. No sucesso, verificamos a quantidade e, na desgraça, a qualidade." (Confúcio).

152

"Quando vires um homem bom, tenta imitá-lo; quando vires um homem mau, examina-te a ti mesmo." (Confúcio).

153

"Ainda não vi ninguém que ame a virtude tanto quanto ama a beleza do corpo." (Confúcio).

154

"Você pode descobrir mais sobre uma pessoa em uma hora de brincadeira do que em um ano de conversa." (Platão).

155

"Não deverão gerar filhos quem não quer dar-se ao trabalho de criá-los e educá-los." (Platão).

156

"Pessoas normais falam sobre coisas, pessoas inteligentes falam sobre ideias, pessoas mesquinhas falam sobre pessoas." (Platão).

157

A pessoa embriagada fala o que pensa do outro. (anônimo).

158

"Às vezes as pessoas não querem ouvir a verdade porque elas não querem que as suas ilusões sejam destruídas." (Friedrich Nietzsche).

159

"Não te alongues a contar as tuas façanhas, nem os perigos que terás passado; não podes querer que os outros tenham tanto prazer em escutar-te como tu em contá-los." (Epiteto).

160

"Procura limpar a vasilha antes de lançar nela seja o que for; quer dizer, antes de pregar a virtude, reforma os teus costumes." (Epiteto).

161
"O nosso bem tal como o nosso mal não existem senão na nossa vontade." (Epiteto).

162
"A fundação de cada estado é a educação da sua juventude." (Diógenes).

163
"O homem superior sempre pensa em virtude; o homem comum pensa sempre no conforto." (Confúcio).

164
"Aqueles que educam as crianças devem ser mais honrados do que aqueles que as produzem; o primeiro apenas dá-lhes a vida, o segundo, a arte de viver bem." (Aristóteles, adaptação).

165
"Eu não tenho medo da morte, mas não tenho pressa para morrer. Tenho muito o que fazer." (Stephen Hawking).

166
A humildade não está em pensar que você é menos, é pensar que outros podem chegar aonde você chegou, e respeitar quem já evoluiu mais do que você. (anônimo).

167
Uns discursam pouco e fazem muito, e outros discursam muito e fazem pouco. (anônimo).

168
"Aquele que é bom para arranjar desculpas não é bom para qualquer outra coisa." (Benjamin Franklin — adaptado).

169
"Nada é suficiente para quem o suficiente é pouco." (Epicuro).

170
"Aquilo que escuto eu esqueço; aquilo que vejo eu lembro; aquilo que faço eu aprendo." (atribuída a Confúcio).

171

"Algumas pessoas causam felicidade aonde vão; outras, quando se vão." (Oscar Wilde).

172

"Ser natural é a mais difícil das poses." (Oscar Wilde).

173

"Às vezes podemos passar anos sem realmente viver, e de repente toda a nossa vida se concentra em um só instante." (Oscar Wilde).

174

"Se somos tão inclinados a julgar os outros, é porque tememos por nós mesmos." (Oscar Wilde).

175

"A maneira mais fácil de livrar-se da tentação é ceder a ela." (Oscar Wilde, adaptado).

176

"Para a maioria de nós, a verdadeira vida é a que não levamos." (Oscar Wilde).

177

"É muito difícil não ser injusto com quem amamos." (Oscar Wilde).

178

"As riquezas comuns podem ser roubadas, mas as de verdade, nunca. Em sua alma há coisas infinitamente preciosas que ninguém jamais poderá tirar de você." (Oscar Wilde).

179

"E se me achar esquisita, respeite também. Até eu fui obrigada a me respeitar." (Clarice Lispector).

180

Conhecer frases inspiradoras é bom, melhor ainda é quando você cria suas próprias frases. (anônimo).

181

As pessoas só entendem o que querem entender. (anônimo).

182

Às vezes, conselho não adianta. Melhor é deixar a pessoa quebrar a cara, aí ela aprende. Se não aprende pelo amor, aprende pela dor. (anônimo).

183

"Diria que o machismo, tanto nos homens quanto nas mulheres, não é mais que a usurpação do direito alheio." (Gabriel Garcia).

184

"A mulher mais bela do mundo não tinha que ser, necessariamente, a mais apetecível, no sentido que entendo esse tipo de relações. Minha impressão ao fim de uma breve conversa, foi que o seu temperamento podia me causar certos conflitos emocionais que talvez não fossem compensados pela sua beleza." (Gabriel Garcia).

185

"Os homens nascem iguais, mas no dia seguinte já são diferentes." (Barão de Itararé).

186

"Dizes-me com quem andas e eu te direi se vou contigo." (Barão de Itararé).

187

"Não é triste mudar de ideias, triste é não ter ideias para mudar." (Barão de Itararé).

188

"A televisão é a maior maravilha da ciência a serviço da imbecilidade humana." (Barão de Itararé).

189

Tem gente que não encontra na vida algo para fazer, então passa a vida assistindo à vida dos outros. (anônimo).

190

"'Tudo é relativo: o tempo que dura um minuto depende de que lado da porta do banheiro você está." (Barão de Itararé).

191

"O voto deve ser rigorosamente secreto. Só assim, afinal, o eleitor não terá vergonha de votar no seu candidato." (Barão de Itararé).

192
"Senso de humor é o sentimento que faz você rir daquilo que o deixaria louco de raiva se acontecesse a você." (Barão de Itararé).

193
"Todo homem que se vende, recebe muito mais do que vale." (Barão de Itararé).

194
"O grande homem demonstra a sua grandeza com a maneira pela qual trata os pequenos." (Thomas Carlyle).

195
"Torne-se um homem honesto e, então, você poderá estar certo de que há menos um patife no mundo." (Thomas Carlyle).

196
"Você é livre no momento em que não busca fora de si mesmo alguém para resolver os seus problemas." (Immanuel Kant)

197
"O sábio pode mudar de opinião. O ignorante, nunca." (Immanuel Kant).

198
"Se vale a pena viver e se a morte faz parte da vida, então, morrer também vale a pena." (Immanuel Kant).

199
"O mais alto valor moral do caráter consiste em fazer o bem não por desejo pessoal, mas por dever." (Immanuel Kant).

200
"Tudo o que não puder contar como fez, não faça!" (Immanuel Kant).

201
"Ciência é conhecimento organizado. Sabedoria é vida organizada." (Immanuel Kant).

202
"A educação é a arma mais poderosa que você pode usar para mudar o mundo." (Nelson Mandela).

203

"Educação não transforma o mundo. Educação muda as pessoas. Pessoas transformam o mundo." (Paulo Freire).

204

"As famílias confundem escolarização com educação. É preciso lembrar que a escolarização é apenas uma parte da educação. Educar é tarefa da família." (Mario Sérgio Cortella).

205

"Sob a mais livre das constituições, um povo ignorante é sempre escravo." (Condorcet).

206

"A educação não pode ser delegada somente à escola. Aluno é transitório. Filho é para sempre." (Içami Tiba).

207

"Os homens são bons ou maus, úteis ou inúteis, graças à sua educação." (John Locke).

208

"Com armas, você pode matar terroristas. Com educação, você pode matar o terrorismo." (Malala Yousafzai).

209

"Não quero ser lembrada como a menina que levou um tiro. Quero ser lembrada como a menina que não baixou a cabeça." (Malala Yousafzai).

210

"Não é errando que se aprende, mas sim corrigindo o erro." (Içami Tiba).

211

"Nenhuma criança nasce folgada, ela aprende a ser." (Içami Tiba).

212

"Você quer educar? Seja educado. E ser educado não é falar 'licença' e 'obrigado'. Ser educado é ser ético, progressivo, competente e feliz." (Içami Tiba).

213

"Embaixo de um folgado tem sempre um sufocado." (Içami Tiba).

214

"O erro mais frequente na educação do filho é colocá-lo no topo da casa. O filho não pode ser a razão de viver de um casal. O filho é um dos elementos. O casal tem que deixá-lo, no máximo, no mesmo nível que eles. A sociedade pagará o preço quando alguém é educado achando-se o centro do universo." (Içami Tiba).

215

"Dinheiro 'a rodo' para o filho é prejudicial. Mesmo que os pais o tenham, precisam controlar e ensinar a gastar." (Içami Tiba).

216

"Jovens que não tiveram nenhuma educação em valores vivem e aprendem o que aparece no momento, deixam-se levar por aquilo que é vigente. Quem tem valores sólidos dentro de si é capaz de olhar para uma situação sem ser envolvido por ela, e pode analisá-la e criticá-la." (Içami Tiba).

217

"Não se pode fazer o que se quer, pois a vontade tem que ser educada. O que seria do trânsito, da sala de aula, dos clubes, dos aeroportos, do país se cada um fizesse o que tivesse vontade? Seria o caos. As regras existem para o benefício de todos, e a disciplina faz parte da educação de uma sociedade." (Içami Tiba).

218

"O mestre é um caminho para seu aprendiz chegar à sabedoria. O aluno tem de superar o professor. O verdadeiro mestre se orgulha de ter sido um degrau na vida do aprendiz que venceu na vida. Ensinar é um gesto de generosidade, humanidade e humildade. É oferecer alimento saboroso, nutritivo e digerível àqueles que querem saber mais, porque ensinar é um gesto de amor!" (Içami Tiba).

219

"Não julgueis segundo a aparência, e sim pela reta justiça." (Jesus, segundo João 7).

Somos o resultado dos nossos pensamentos, sentimentos e ações

As frases aqui agrupadas incentivam o leitor a pensar no seu comportamento perante as pessoas, perante a si mesmo, perante os negócios e bens materiais. A meditação praticada todos os dias ajuda-nos a mudar nossos pensamentos, sentimentos e ações e, com isso, a mudar o rumo de nossas vidas. Ouvir a consciência é um dos objetivos da meditação. Essas frases mostram a importância de filtrar os pensamentos e não embarcar em qualquer um. A limpeza da mente, eliminando os maus pensamentos, traz mais conforto e bem-estar para prosseguirmos nesta vida.

220

Não sei se posso mudar o mundo para melhor, mas vou tentar fazer mudanças para melhor em mim. (anônimo).

221

É bom, todo dia, buscar o autoconhecimento e colocar em prática o que for necessário para que mudanças apareçam lá na frente. Quem planta, colhe, portanto, cuidado com o que planta. (o autor).

222

Selecione melhor sua alimentação, faça exercício físico e viva com alegria. (anônimo).

223

Não se apegue a bens materiais. Apegue-se àquilo que certamente você nunca perderá. (anônimo).

224
O bom senso é uma raridade. (anônimo).

225
Se você emite energia boa, será recarregado com energia boa. Se você emite energia ruim, será recarregado com energia ruim. (anônimo).

226
Se o preço for sua paz, não compre. (anônimo).

227
Seja um pouquinho melhor a cada dia, quanto aos outros, tenha paciência. (anônimo).

228
Não importa se você vai conseguir mudar o mundo, mas tente começando por você mesmo. (anônimo).

229
Existe em você um juiz parcial de seus atos. (anônimo).

300
Existe mais gente querendo falar do que ouvir. (anônimo).

301
Se você para de aprender, você não acompanha. É como parar de remar contra a correnteza. Se parar, não avança. (anônimo).

302
Quem dá o seu melhor, não há com o que se preocupar. (anônimo).

303
Hoje, se você quiser, com certeza você poderá ser um pouquinho melhor do que ontem. (anônimo).

304
Se você faz a mesma coisa todos os dias, então você tem grandes chances de adivinhar o que vai acontecer amanhã. (anônimo).

305
Algumas lições você aprenderá com muita dor. (anônimo).

306
Primeiro tente dominar sua mente. (anônimo).

307
"A vida é um eco. Se você não está gostando do que está recebendo, observe o que está emitindo." (Buda).

308
"Nossos pensamentos, nossas palavras, nossos atos, são fios de uma rede que tecemos ao redor de nós mesmos." (Buda).

309
"Quaisquer que sejam as palavras que pronuncia, devem ser escolhidas com cuidado! Serão influências para o bem ou para o mal." (Buda).

310
Somos aquilo de pensamos, sentimos e agimos. (anônimo).

311
"Todas as manhãs, nascemos de novo. O que fazemos hoje é o que mais importa." (Buda).

312
Você ocupa sua mente com pensamentos. Você se torna aquilo que ocupa sua mente. (anônimo).

313
Existe pensamento que sua mente interpreta como real e não é. Cuidado, filtre bem o pensamento. Distinga o verdadeiro do falso. (anônimo).

314
A mente pode ser uma mina de riqueza, mas também pode ser uma mina de pobreza. (anônimo).

315
Os dias de hoje são resultados de pensamentos, sentimentos e ações ocorridos lá atrás. Projete seu futuro, você sabe como fazer isso. (anônimo).

316

Os acontecimentos são frutos de pensamentos, sentimentos e atitudes ocorridas na mente. (anônimo).

317

Todos já sabem que a alimentação e o comportamento mental corretos diminuem a procura por remédios e atendimentos médicos, então, por que é que cada vez mais aumenta a procura por remédios e por atendimentos médicos? (anônimo)

318

Cada um é o que é de acordo com seus pensamentos, sentimentos e atitudes. (anônimo).

319

Mude seus pensamentos, sentimentos e atitudes para melhor e o universo vai lhe retribuir da melhor forma. (anônimo).

320

A morte virá para todos. Para alguns, virá com grande sofrimento e, para outros, sem nenhum sofrimento. (anônimo).

321

Você já parou para pensar que sua vida é guiada pelos seus pensamentos? Você quer melhorar de vida? (anônimo).

322

Reflita antes de agir. Um dia a conta chega. (anônimo).

323

Tem fruto que você planta hoje para colher daqui a 10 anos. Tem fruto que você planta hoje para colher daqui a dois anos. O tempo para colher a maldade ou as coisas boas também levam um tempo. O resultado da maldade ninguém quer colher e quando colhe não se lembra de ter plantado. (anônimo).

324

Imagina uma estação de trem. Nessa estação passam muitos trens para vários destinos. Antes de embarcar num deles, tenha certeza de que realmente quer ir para aquele destino. Da mesma forma aja com sua mente e seus pensamentos. (anônimo).

325
"A maior descoberta de minha geração é que o ser humano pode alterar a sua vida mudando sua atitude mental." (William James).

326
Alimentação, sentimentos e ações mexem com nosso corpo e podem causar doenças. Escolha boa alimentação, dispense os sentimentos ruins e as más ações. (anônimo).

327
Às vezes nós sabemos que estamos fazendo coisas desaprováveis e que a conta pode chegar, mas ficamos espantados com o juro cobrado. (anônimo).

328
Investindo em autoconhecimento e meditação é que se poderá economizar em psicanálise. (anônimo).

329
No autoconhecimento não adianta só ler e compreender. Precisa praticar. (anônimo).

330
A vida segue no caminho da "ação-reação". A reação pode levar anos para aparecer e aparece com juros e correção monetária. (anônimo).

331
O pior dos seus inimigos habita em você e o melhor dos seus amigos também. (anônimo).

332
Você constrói a sua paz ou seu inferno. (anônimo).

333
Se você muda o comportamento perante o mundo, o mundo também muda o comportamento perante você. (anônimo).

334
Nós plantamos um pé de tomate e sabemos que vamos colher fruto dentre 60 e 90 dias. Quanto aos acontecimentos que impactam nossas vidas, não é assim que acontece. Nem sempre lembramos quando foi que plantamos nem o que foi que plantamos. (anônimo).

335

Ações que parecem não ter nenhuma importância, palavras proferidas, sentimentos, emoções, são sementes que plantamos, sem saber o que e quando colheremos. (anônimo).

336

"Como" falar pode ser mais importante do que "o que" falar. (anônimo).

337

As suas atitudes boas de hoje vão dar frutos lá na frente, não espere colher amanhã. Primeiro você receberá aquilo que plantou no passado. (anônimo).

338

"O verdadeiro ensinamento que transmitimos é o que vivemos; e somos bons pregadores quando colocamos em prática o que dizemos." (São Francisco de Assis).

339

A mente agitada é levada por pensamentos e preocupações, isso consome energia vital e causa esgotamento mental. (anônimo).

340

Para ver mudança em sua vida leva algum tempo. Precisa mudar as atitudes hoje para ver resultados lá na frente. Não sabemos quanto tempo leva para começarmos a colher os frutos das boas atitudes. Pode levar um mês ou um ano. (anônimo).

341

Nós somos o que somos, temos o que temos, pelo que nós construímos lá atrás. (anônimo).

342

"As pessoas sabem aquilo que elas fazem; frequentemente sabem por que fazem o que fazem; mas o que ignoram é o efeito produzido por aquilo que fazem." (Michel Foucault).

343

"A nossa vida sempre expressa o resultado dos nossos pensamentos dominantes e das nossas atitudes." (Sören Kierkegaard, adaptado).

344
A minha consciência me julga e me penaliza. (anônimo).

345
Não vou receber castigo de Deus, vou receber de mim mesmo. (anônimo).

346
"O homem não é nada além daquilo que a educação faz dele." (Immanuel Kant).

347
"Toda reforma interior e toda mudança para melhor dependem exclusivamente da aplicação do nosso próprio esforço." (Immanuel Kant).

Problemas e adversidades: tempo, paciência, destino e aceitação.

As frases agrupadas neste capítulo tratam do viver o agora e da aceitação. Não adianta lamentar a perda do que ocorreu no passado nem se preocupar com o que poderá vir a acontecer. O sentimento de perda ocorre quando nós nos apegamos à matéria ou a alguém. O que tiver que ser, será. Não sabemos o que o destino nos reserva. Um fato pode ser constatado: o que se planta, se colhe. Na vida, precisamos fazer o que tiver que ser feito e aceitar o resultado. O resultado nem sempre é a nosso favor. É necessário ter paciência e aceitar os acontecimentos que ocorrem conosco e que não foram planejados por nós. Uma vez, um jornalista entrevistou um guru indiano e lhe pediu que resumisse numa só palavra seu entendimento da vida. O guru respondeu: "Aceitação". Porém, isso não significa ficar de braços cruzados. Devemos fazer o que tiver que ser feito e analisar o resultado, seja ele qual for.

348

O tempo sempre tem razão. (anônimo).

349

Tempo tem um valor enorme. Não desperdice o tempo. (anônimo).

350

Considera-se a gratidão como a mãe das virtudes. (anônimo).

351

Um ditado popular diz: "A crise para um é a oportunidade para outro", mas também podemos interpretar que a crise é o momento de aprender, de rever conceitos e comportamentos para nos reerguermos. (anônimo).

352

Destaca-se na vida quem une humildade, busca constantemente o conhecimento e age. Sem ação nada acontece. Não basta só rezar, tem que agir. (anônimo).

353

Aceitação deve ser um sentimento virtuoso. Deixamos de sofrer quando aceitamos os acontecimentos que fogem de nosso controle. Atribui-se a Ramana Maharshi, conhecido guru indiano, o dito: *O que está destinado a acontecer, acontecerá por mais que se evite. O que está destinado a não acontecer, não acontecerá, por mais que se tente. O que tiver que ser, será.* Isso não significa que devemos cruzar os braços e esperar o que o destino nos reserva. Significa que devemos fazer o que for preciso fazer, mas ser resiliente, humilde, aceitar um resultado adverso, rever nossas estratégias para contornar as adversidades, tirar as pedras do caminho sem reclamar. Nós somos apegados aos bens materiais e à família. Não aceitamos perdas. O sofrimento aparece quando não se aceita perdas. (o autor).

354

Ações conscientes encontram uma maneira de contornar as adversidades. Esforce-se para estar consciente na maior parte do tempo. (anônimo).

355

Não precisa esperar a chuva passar para viver. Aprenda a dançar na chuva. De um limão é possível fazer uma limonada. Procure aprender com as adversidades. (anônimo).

356

Coisas ruins acontecem em nossas vidas, mas às vezes elas nos mostram o melhor caminho para alcançar nosso objetivo. (anônimo).

357

Enfrentando um problema, mantenha o pensamento positivo, assim a probabilidade de surgir uma solução é maior. (anônimo).

358

Diante de um problema, tem-se duas escolhas: deixar o problema destruir você; ou aprender com ele e ficar mais forte. (anônimo).

359

Nós cometemos erros. Os erros podem servir de aprendizado. (anônimo).

360

Agradeça por tudo, mesmo por aqueles eventos que lhe parecem ruins. (anônimo).

361

A reação que temos aos eventos é mais importante do que o evento. (anônimo).

362

Quem quer faz e faz naturalmente, retirando as pedras do caminho sem reclamar. (anônimo).

363

Tudo acontecerá no momento certo. (anônimo).

364

Quem aceita bem as adversidades que ocorrem na vida, torna-se mais forte. (anônimo).

365

O pensamento tem uma relação íntima com o problema. É mais sábio corrigir o pensamento para evitar problema. (anônimo).

366

Não importa a tempestade, mas sim a sua atitude perante ela. (anônimo).

367

Problema existe e solução também existe, mas, para algumas pessoas, a solução parece ser impossível, elas não acreditam que existe uma solução. (anônimo).

368

Na tempestade, aja com calma. Na calmaria, previna-se da tempestade. (anônimo).

369

Verifique se você está supervalorizando um acontecimento, dando-lhe muita importância. (anônimo).

370

Depois de uma tempestade vem o tempo bom, nada dura para sempre. (anônimo).

371

O mundo está cheio de gente com talento para criar problemas. (anônimo).

372

Se você tem fé, se você acredita e mesmo assim não deu certo, então falta-lhe um conhecimento, persistência. Os eventos nem sempre acontecem no tempo que planejamos. Dê tempo ao tempo, mas não fique de braços cruzados. (anônimo).

373

Esperança é a primeira que nasce e a última que morre. (anônimo).

374

O gráfico da bolsa de valores tem altos e baixos, mas o objetivo a longo prazo é que suba. Nossa vida tem altos e baixos, mas o objetivo a longo prazo é nos elevarmos. (anônimo).

375

Se o problema tem solução, não devemos nos preocupar. Se um problema não tem solução, também não devemos nos preocupar. (anônimo).

376

"Em algumas situações, por mais extremas e desesperadoras que possam parecer, devemos manter o pulso firme e o equilíbrio mental, pois essa é a melhor maneira de conseguir enxergar a luz no fim do túnel!" (https://www.pensador.com).

377

"Não é a carga que o derruba, mas a maneira como você a carrega." (Lou Holtz).

378

Mais importante do que o evento é como você reage ao evento. (anônimo).

379

"Você não pode controlar todos os eventos que acontecem com você, mas pode decidir não ser reduzidos por eles." (Maya Angelou).

380

"Paciência e perseverança têm o efeito mágico de fazer as dificuldades desaparecerem e os obstáculos sumirem." (John Quincy Adams).

381

"Não é o mais forte que sobrevive, nem o mais inteligente, mas o que melhor se adapta às mudanças." (Leon C. Megginson).

382

"Viver significa lutar." (Sêneca).

383

Força de ânimo e coragem, é disso que precisamos para retirar as pedras do nosso caminho. (anônimo).

384

Após um período de escuridão, abençoe a chegada da luz. (anônimo).

385

"Quando você passar por momentos difíceis e se perguntar onde estará Deus, lembre-se de que durante uma prova o professor está em silêncio." (Alline Barros).

386

Você é daqueles que no dia da prova fica buscando no professor alguma dica para facilitar a prova que você deve resolver? (anônimo).

387

"Acredite: nunca nos será dado fardos que não possamos superar, basta encontrarmos a força interior, que somente ELE nos fornece." (Irma Jardim).

388

Se sua vida está sendo dura como carregar uma escada pesada, saiba que lá na frente você vai precisar dessa escada para atingir o topo. (anônimo).

389

Não reclame das adversidades, elas existem e sempre existirão. As adversidades vão fortalecer você. (anônimo).

390

O difícil é aprender com as adversidades. Muita gente pensa que é um castigo de Deus ou que é a vontade de Deus. (anônimo).

391

O dia que você ajudar aos outros e a si mesmo, não castigar aos outros e a si mesmo, saberá que Deus está muito próximo de você. (anônimo).

392

"Eu estava procurando fora de mim por força e confiança, mas elas vêm de dentro. E estão lá o tempo todo." (Anna Freud).

393

"A sabedoria de um homem não está em não errar, chorar, se angustiar e se fragilizar, mas em usar seu sofrimento como alicerce de sua maturidade." (Augusto Cury).

394

"Desenvolver força, coragem e paz interior demanda tempo. Não espere resultados rápidos e imediatos, sob o pretexto de que decidiu mudar. Cada ação que você executa permite que essa decisão se torne efetiva dentro de seu coração." (Dalai Lama).

395

"O amor é a força mais sutil do mundo." (Mahatma Gandhi).

396

Às vezes um tropeço faz você chegar na linha de chegada. (anônimo).

397

"O tempo cura o que a razão não consegue curar." (Sêneca).

398

Não se arrependa de nada. O que tinha que acontecer, aconteceu. Aprenda com a vida. O que tiver que ser, será, mas não fique esperando as coisas caírem do céu. (ditado popular).

399

Seja positivo. Dê tempo ao tempo. Deus escreve certo por linhas tortas. De algum modo vai dar certo. (ditado popular).

400

"Viver sem refletir sobre os acontecimentos é como ter visão e viver de olhos fechados para a vida." (René Descartes).

401

Neste mundo observamos coisas boas e coisas ruins, acontecimentos bons e acontecimentos ruins. Difícil entender que tudo tem o seu significado, que tudo faz parte da vida, que tudo existe com um propósito. (anônimo).

402

Tem gente que reclama muito da vida. Às vezes a vida está ruim, mas poderia ser pior, com certeza. Então acalme-se, respira, isso vai passar. Tudo passa. (anônimo).

403

"Transforme as pedras que você tropeça nas pedras de sua escada." (Sócrates). Tire algum proveito das adversidades.

404

Querendo ou não, para levar a vida, tem que ter paciência e aceitar os acontecimentos. (anônimo).

405

Nem tudo sai como o planejado. É preciso ser resiliente, mas não desistir. (anônimo).

406

O sofrimento é grande quando não aceitamos o resultado diverso do planejado. (anônimo).

407

Pode chegar uma hora que você dirá: "chega! basta! não aguento mais! eu entrego os pontos! já tentei de tudo". Se isso acontecer, ótimo, você aceitou uma adversidade. Agora é hora de pensar em outro projeto. Claro, vai chegar uma hora que você não terá tempo para pensar em outro projeto. É hora do fim, *"game over!"*. A energia vital um dia acaba. (anônimo).

408

"Se o problema tem solução, não devemos nos preocupar. Se não tem solução, de nada adianta se preocupar." (Provérbio chinês).

409

O controle emocional deve ser ensinado desde criança. (anônimo).

410

Depois da recessão vem a expansão. (anônimo).

411

"Meu conselho para outras pessoas com deficiência seria concentrar-se em coisas que sua deficiência não impede que você faça bem, e não se arrependa das coisas que interferem. Não seja desabilitado em espírito, assim como fisicamente." (Stephen Hawking).

412

"Uma das regras básicas do universo é que nada é perfeito. A perfeição simplesmente não existe. Sem a imperfeição, nem você nem eu existiríamos." (Stephen Hawking).

413

"Dançar conforme a música." (ditado popular). Adaptar às situações adversas.

414

Nada acontece por acaso. Tudo tem um sentido, mas nem sempre descobrimos qual é esse sentido. (anônimo).

415

"Como se pode lutar contra as adversidades do destino sozinho, sem a ajuda de amigos fiéis e dedicados, sem um companheiro de vida, pronto para compartilhar os altos e baixos?" (Zigmunt Bauman).

416

Devemos aprender com os nossos piores dias. (anônimo).

417

O tempo é o senhor do destino. (anônimo).

418

"Lembre-se da sabedoria da água: ela nuca discute com um obstáculo, simplesmente o contorna." (Augusto Cury).

419

"Somos insignificantes. Por mais que você programe sua vida, a qualquer momento tudo pode mudar." (Ayrton Senna).

420

"Aceite o sofrimento como fenômeno natural da experiência evolutiva." (Divaldo Pereira Franco).

421

"Destino não é exterior a nós; somos nós que criamos nosso próprio destino dia após dia." (Henry Miller).

422

O seu destino será o resultado do que você pensa, sente e age hoje. (anônimo).

423

Ninguém mata o tempo, o máximo que você consegue fazer é não valorizar o tempo. (anônimo).

424

Dar valor ao tempo é dar valor à vida. O relógio foi criado para lhe avisar que o tempo está passando. Aja! (anônimo).

425

"Não se pode progredir enquanto se ajustam contas." (Dick Armey).

426

Perder tempo é pior do que perder dinheiro. Um pode ser recuperado. (anônimo).

427

"Nossa paciência conquistará mais do que a nossa força." (Edmund Burke).

428

"Ter problemas na vida é inevitável. Ser derrotado por eles é opcional." (Roger Crowford).

429

"É mais fácil enganar uma pessoa que convencê-la de que foi enganada." (Mark Twain).

430

"Os homens são movidos e perturbados não pelas coisas, mas pelas opiniões que eles têm delas." (Epiteto).

431

"A coragem não se desenvolve ao ser feliz nas suas relações diárias. A coragem se desenvolve ao sobreviver a tempos difíceis e adversidades desafiantes." (Epicuro).

432

"As desventuras são suportáveis porque vêm de fora, são meros acidentes. É no sofrimento causado pelas nossas próprias faltas que sentimos a ferroada da vida." (Oscar Wilde).

433

"A vida não é complicada, nós é que somos. A vida é simples e o simples é sempre correto." (Oscar Wilde).

434

"O que nos absolve é a confissão, não o padre." (Oscar Wilde).

435

Na nossa vida, temos o controle sobre algumas coisas e não temos sobre outras. Sentimo-nos irritados, às vezes, por não ter controle absoluto de tudo que acontece na nossa vida. (o autor).

436

"Só há uma coisa na vida que precisamos aprender, e ninguém ensina isso nas escolas: a capacidade de suportar." (Clarice Lispector).

437

"Superar é preciso. Seguir em frente é essencial. Olhar para trás é perda de tempo. Passado se fosse bom seria presente." (Clarice Lispector).

438

Você pode prever o que vai acontecer com você lá na frente se prestar atenção no que está fazendo hoje. No presente, cuide de seus pensamentos, sentimentos e atitudes. (anônimo).

439

"Mantenha a cabeça fria, se quiser ideias frescas." (Barão de Itararé).

440

"O tambor faz muito barulho, mas é vazio por dentro." (Barão de Itararé).

441

"Tenho vos dito isto, para que em mim tenhais paz; no mundo tereis aflições, mas tende bom ânimo; eu venci o mundo." (Jesus, segundo João 16).

442

"Tomem sobre vocês a minha carga e aprendam de mim, pois sou manso e humilde de coração e vocês encontrarão descanso interior." (Jesus, segundo Mateus 11:28-30).

443

"E quem não toma a sua cruz, e não segue após mim, não é digno de mim." (Jesus, segundo Mateus 10:38).

444

"A melhor ponte entre o desespero e a esperança é uma boa noite de sono." (Joseph Cossman).

Propósitos, sonhos e objetivos

A determinação e a persistência aparecem quando temos um propósito de vida, um objetivo a ser alcançado. Vêm junto com doses de motivação e entusiasmo. As frases aqui agrupadas, devidamente refletidas, alimentam nosso espírito de força, vontade, coragem e resiliência para traçar e alcançar objetivos de vida. Existem muitas pessoas sem propósito de vida; para elas, a vida é como estar em um barco à deriva.

445

Mais importante do que a determinação de perseguir um sonho é ter um sonho, um propósito de vida. (anônimo).

446

Atente para seus sentimentos e você descobrirá seu propósito. Você fará um ótimo trabalho amando aquilo que faz. (anônimo).

447

Qual é o seu propósito de vida a curto prazo e a longo prazo? Você define o que é curto e longo prazo. Defina uma caminhada. Com persistência, inteligência e organização você chega lá. (anônimo).

448

Muitas pessoas dizem não ter um propósito. Dizem que deixam a vida acontecer como Deus quer. É necessário refletir sobre isso. É preciso fazer o que for necessário fazer. Quem faz o que tem que ser feito, tem um propósito. A pessoa que não trabalha, não se exercita, não enriquece o conhecimento, está aguardando a morte chegar. (anônimo).

449

Pessoas velhas também podem ter sonhos. Não existe idade máxima para sonhar. (anônimo).

450

Um pai não deve impedir o filho de realizar um sonho. (anônimo).

451

Foque no seu propósito e não ligue para comentários, assim você realiza mais rápido seu sonho. (anônimo).

452

Estabeleça várias etapas para alcançar um propósito. A cada etapa vencida, um sentimento de felicidade. (anônimo).

453

O propósito é um sonho escolhido para ser realizado. Tenha sempre um propósito. (anônimo).

454

Quem sonha pode também realizar. (anônimo).

455

Basta duvidar do seu propósito para arruiná-lo. (anônimo).

456

Você está no caminho certo quando se entusiasma mais pelo seu propósito do que pelo dinheiro. (anônimo).

457

"Não há nada mais terrível do que o hábito da dúvida." (Buda).

458

Um propósito é mais do que uma ideia. (anônimo).

459

O desejo de alcançar o objetivo deve ser alimentado, diariamente, senão morre. (anônimo).

460

Com persistência, organização e atenção plena é possível filtrar os pensamentos e ter uma mente produtiva para atingir nossos propósitos. (anônimo).

461

Sonhar, imaginar, ter um propósito de vida está disponível para todos, mas nem todos conseguem. (anônimo).

462

O mal de muitos é que não acreditam que possam realizar um propósito. Falam que têm um propósito, mas que não enxergam meios de realizá-lo. Quando isso ocorre, é porque, na verdade, não querem realizar aquele propósito, daí encontram mil desculpas para não fazer. Nem tentam dar o primeiro passo. Quem quer, faz, quem não quer, arruma várias desculpas. (anônimo).

463

Quando você tem bem estabelecido um ponto-alvo a ser atingido, repare quão rápido a flecha se dirige para lá. O ponto-alvo tem que ser bem definido. Não se preocupe como conseguirá os meios para chegar lá, pois eles vão aparecer. O caminho se abre para aquele que tem objetivo bem definido. (anônimo).

464

Sair da zona de conforto é muito difícil, pois essa zona já foi um propósito lá atrás. Para sair da zona de conforto, é preciso estabelecer novo propósito e isso dá trabalho, exige movimento, exige mudanças. (anônimo).

465

Siga na direção do seu propósito com gratidão, responsabilidade, paciência e persistência. (anônimo).

466

Nunca é tarde para começar a agir. (anônimo).

467

"Não importa o quanto você vá devagar desde que não pare." (Confúcio).

468

"Toda manhã você tem duas escolhas: continuar dormindo com seus sonhos ou acordar e persegui-los!" (anônimo).

469

Esteja sempre atento. As oportunidades são sutis. (anônimo).

470

"Comece fazendo o que é necessário, depois o que é possível, e de repente você fará o impossível." (atribuído a São Francisco de Assis).

471

"Comece onde você está. Use o que você tem. Faça o que você pode." (Arthur Ashe).

472

"Tudo o que um sonho precisa para ser realizado é alguém que acredite que ele possa ser realizado." (Roberto Shinyashiki).

473

"Devíamos ser ensinados a não esperar por inspiração para começar algo. Ação sempre gera inspiração. Inspiração raramente gera ação." (Frank Tibolt).

474

"Você vai poupar um monte de dores de coração e decepções se você aprender cedo na vida a lei imutável da natureza: Nenhum ganho sem dor, nenhuma habilidade sem exercício, nenhuma recompensa sem esforço." (Frank Tibolt).

475

"Inspiração existe, porém temos que encontrá-la trabalhando." (Pablo Picasso).

476

"A força não provém da capacidade física. Provém de uma vontade indomável." (Mahatma Gandhi).

477

Você encontra força quando tem uma vontade. (anônimo).

478
Se é realmente seu propósito, persista mais um pouco e depois mais um pouco. (anônimo).

479
Um sonho será realizado com sua participação. Pode ser o seu ou de outro. (anônimo).

480
Não existe limite de idade para querer aprender. (anônimo).

481
Sempre falta tempo para o que não é prioridade. (anônimo).

482
Pode ir devagar, mas não pare. De grão em grão a galinha enche o papo. (ditado popular).

483
Fazer algo, mesmo precisando de melhorias, é melhor do que não fazer. (anônimo).

484
A falta de objetividade na vida leva à preguiça, moleza e sono. (anônimo).

485
Normalmente os textos de autoajuda, como este livro, são lidos rapidamente, entram por um ouvido e saem por outro. Poucos acreditam que a ação positiva dá certo. Na real, não precisa acreditar, basta colocar em prática para notar mudanças dali alguns meses. O difícil é sair da inércia, sair da zona de conforto e estabelecer um objetivo. Todos nós, independentemente da idade e de quanto se tem na conta bancária, podemos estabelecer objetivos a serem atingidos. Pode ser um objetivo pequeno, de curto prazo, como um mês, seis meses ou um ano. O importante é sempre estabelecer um objetivo, que pode ser escrever um livro, fazer uma viagem, montar uma empresa, frequentar um curso, aprender uma língua estrangeira, graduar-se na faculdade, mudar o tipo de alimentação, exercitar o corpo, montar uma ONG, ajudar o próximo, tratar melhor as pessoas, tornar-se uma pessoa melhor, enfim, objetivos existem, escolha um. (o autor).

486

Nunca é tarde demais para começar uma nova fase de nossa vida. (anônimo).

487

"Manter uma mente ativa tem sido vital para a minha sobrevivência." (Stephen Hawking).

488

Encontre uma rota a ser navegada e vá ajeitando as velas conforme o vento. (anônimo).

489

No fundo, o que conta mesmo e que faz diferença na vida de uma pessoa são as atitudes em prol do próximo. (anônimo).

490

As pessoas não podem crescer sem desafio. (anônimo).

491

"A melhor época para plantar uma árvore foi há vinte anos, a próxima é agora." (Provérbio Chinês).

492

"O mundo precisa de atitudes, não de opiniões. Opinião nenhum mata fome ou cura doença." (Angelina Jolie).

493

"Mesmo que já tenhas feito uma longa caminhada, há sempre um novo caminho a fazer." (Santo Agostinho).

494

"É sempre divertido fazer o impossível." (Walt Disney).

495

"Experiência é o nome que cada um dá a seus erros." (Oscar Wilde).

496

Se tiver que seguir intuição, siga a sua, e não a do outro. (anônimo).

497

Se você não tem objetivo, qualquer objetivo lhe serve? Se a resposta for não, comece a eliminar os objetivos que não deseja, e talvez você encontre o seu. (anônimo).

498

Todos nós podemos estabelecer um objetivo a ser atingido. (anônimo).

499

Se você não sabe o que quer na vida, se não tem um objetivo ou propósito, então: seja honesto, justo, solidário, agradecido, disciplinado, organizado, respeite o próximo, encare o trabalho que aparecer sem reclamar, faça exercício físico, e pratique a boa alimentação, pronto! Se fizer isso já valeu ter vivido, pois foi um exemplo de vida. (o autor).

500

"Um homem sem propósito é como um navio sem leme." (Thomas Carlyle).

Depressão, ansiedade, medo, pensamentos negativos: viver no passado e no futuro.

As frases aqui agrupadas estão relacionadas com sentimentos como o medo, ansiedade, depressão, perda e apego. Esses sentimentos geralmente estão interligados com perda de algum bem material ou de alguma pessoa. A não aceitação da perda, seja ela qual for, pode causar depressão. Remoer o passado, remoer a perda pode causar depressão. Por outro lado, a preocupação com o futuro pode causar ansiedade, uma espécie de medo de que os resultados sejam diferentes daqueles esperados. A ansiedade é um tipo de sofrimento antecipado, de algum perigo que normalmente, quase sempre, não se concretiza. O indivíduo, nessas situações, normalmente é levado por pensamentos negativos. Uma ajuda para isso é voltar-se para o "agora" e viver conscientemente o presente com atenção plena, tarefa que parece simples, mas não é, pois o indivíduo não acredita que a mudança de seus pensamentos, sentimentos e ações podem mudar seu mundo.

501

Se você não eliminar algumas coisas da sua vida, essas coisas eliminarão a vida que há em você. (anônimo).

502

Faz parte da cura o desejo de ser curado. Isso se aplica em alguns casos como o da depressão. Algumas vezes faz parte da cura desapegar de sentimentos do passado. (anônimo).

503

A ansiedade descontrolada leva-nos ao pânico. Investigando a ansiedade, compreende-se o comportamento e o sofrimento. Pensar no passado leva-nos à depressão e pensar no futuro leva-nos à ansiedade. Viva o presente, o Agora. Na ansiedade os pensamentos negativos invadem a mente e a vida parece ser mais difícil do que é. (o autor).

504

Deixe para trás o que não te leva para frente. Remoer acontecimentos ruins do passado não te leva para frente. (anônimo).

505

Os efeitos da ira podem atingir o outro, mas, com certeza, atingirá quem a possui. (anônimo).

506

Ninguém deprime você. Você se deprime. (anônimo).

507

Fuja do passado carregando só o aprendizado. (anônimo).

508

Não se apegue a perdas. (anônimo).

509

Se o comportamento do outro tirou-lhe a paz, é porque você consentiu. (anônimo).

510

Nas nossas mentes ocorrem grandes guerras. (anônimo).

511

Viva o agora, nada de ficar remoendo o passado nem se preocupando com o futuro. (anônimo).

512

Combate-se o ódio com amor. (anônimo).

513

Seu maior inimigo dorme com você todos os dias. (anônimo).

514
"Toda a sensação de perda vem da falsa sensação de posse." (Buda).

515
"Seja vigilante! Proteja a sua mente contra os pensamentos negativos." (Buda).

516
"Ficar com raiva é como agarrar um carvão quente com a intenção de jogá-lo em alguém. É apenas você que se queima!" (Buda).

517
"O ódio não cessa o ódio, quem cessa é o amor; essa é a regra eterna." (Buda).

518
O ciúme, a inveja, a ira, o egoísmo e o cinismo devem ser combatidos com o amor incondicional. O ciúme, a inveja, a ira, o egoísmo e o cinismo não levam alguém ao sucesso, pelo contrário, são entraves. (anônimo).

519
Se tiver que conviver com pessoas negativas, redobre a atenção plena, filtre seus pensamentos, tente motivá-las positivamente, e cuidado, muito cuidado, para que sua mente não seja influenciada negativamente por essas pessoas. (anônimo).

520
Tome posse de sua mente. Não deixe que pensamentos ruins fiquem por lá. Observe-os. Normalmente, eles não gostam de ser observados e vão embora. (anônimo).

521
Troque um pensamento negativo por um positivo. (anônimo).

522
Ódio e culpa só atrapalham. Fique longe disso. (anônimo).

523
Pensamentos, sentimentos e atitudes do presente vão construir o seu futuro. (anônimo)

524

Depressão é um sentimento de quem é apegado a alguma coisa ou a alguém e geralmente não aceita a perda. (anônimo).

525

Remédio é necessário para amenizar a depressão, mas você deve procurar o que é que provoca esse sentimento. (anônimo).

526

Se perceber que a ansiedade está chegando, pare, procure sentar, relaxe os músculos, respire devagar por 20 segundos. Esforce-se para afastar os pensamentos negativos. Lembre-se de que essa emoção vai passar e que o mal anunciado pode nem acontecer. (anônimo).

527

Não fique remoendo os eventos ruins que ocorreram no passado, desapegue e aceite a perda. (anônimo).

528

Cuidado, depressão é uma doença séria. Não é frescura. (anônimo).

529

A depressão atinge a ricos e pobres, velhos e crianças. (anônimo).

530

Aquele que não tem depressão não entende que o deprimido não consegue controlar o pensamento e que o pensamento é que o controla. (anônimo).

531

"Se você está deprimido, está vivendo no passado. Se você está ansioso, você está vivendo no futuro. Se você está em paz, está vivendo no presente." (Lao Tzu).

532

É estranho o fato de que existem pessoas que curtem a depressão e não procuram a cura. (anônimo).

533

"É melhor conquistar a si mesmo do que vencer mil batalhas." (Buda).

534
Palavras também ferem. (anônimo).

535
Pessoa chata aquela que vive resmungando de tudo. (anônimo).

536
Fuja das fofocas, de querer ficar sabendo da vida dos famosos, isso não te leva a lugar nenhum, a não ser que viva disso. (anônimo).

537
Vigie seu pensamento, ele pode ser o inimigo. (anônimo).

538
Cuidado com o que deseja. Pense bem. (anônimo).

539
Apenas ler livros de autoajuda de nada adianta se não agir. É preciso colocar o que aprendeu em prática, acreditar em si mesmo e mudar sua forma de pensar. Pessoas deprimidas têm pensamentos negativos enraizados na mente. (anônimo).

540
Não deixe que seus pensamentos tomem conta da sua mente. (anônimo).

541
"As pessoas são solitárias porque constroem muros em vez de pontes." (O Pequeno Príncipe).

542
"É loucura odiar todas as rosas porque uma te espetou." (O Pequeno Príncipe).

543
Reflita todos os dias para conhecer quem você é. (anônimo).

544
"A sua irritação não solucionará problema algum. O seu mau humor não modifica a vida. Não estrague o seu dia." (Chico Xavier).

545

"Vamos inventar o amanhã no lugar de se preocupar com o que aconteceu ontem." (Steve Jobs).

546

Só você pode mudar o rumo da sua caminhada ou tirar os obstáculos. (anônimo).

547

"Só é lutador quem sabe lutar consigo mesmo." (Carlos Drummond de Andrade).

548

Qualquer um deveria ter medo do medo. (anônimo).

549

Fazemos um monte de coisas erradas, dando asas a pensamentos ruins, sentimentos ruins, atitudes ruins, e não nos damos conta disso. Quando a conta chega, perguntamos: O que eu fiz para merecer isso? (anônimo).

550

Não fique imaginando que está no fundo do poço se você está, na realidade, num beco sem saída. É muito mais fácil sair de um beco sem saída. Não fique imaginando que está diante de uma montanha de rocha se na verdade existe no seu caminho uma pedra de um metro. Calma, veja o tamanho real do monstro. (anônimo).

551

Viver desapegado não significa viver sem amor. Viver apegado implica numa vida preocupada com a possibilidade de perder aquilo que tem. Todos nós somos apegados a alguma coisa, por isso somos preocupados e temos medo. Quando perdemos aquilo a que somos apegados, ficamos remoendo o passado e caímos em depressão. Algumas pessoas nunca voltam a ser como eram antes da perda. O ideal é desenvolver o amor incondicional e se desapegar de tudo. Desapegar de tudo não significa não ter tudo. Podemos ter tudo, mas não precisa ser com apego. (anônimo).

552
Na maior parte do tempo estamos inconscientes, sendo conduzidos pelos pensamentos e sentimentos que viajam para o passado ou para o futuro, causando depressão e ansiedade. (anônimo).

553
A depressão às vezes pode estar relacionada com o sentimento de perda; o sentimento de perda pode estar relacionado com o sentimento de apego; o sentimento de apego pode estar relacionado com o sentimento de insegurança; o sentimento de insegurança pode estar relacionado com o nosso passado e habitat. (anônimo).

554
Os pensamentos entram na sua mente sem pedir licença. Uns são bem atrevidos, mal educados e perversos. Para esses, abra a porta e janela da mente e livre-se deles. Você tem poder sobre os pensamentos. Não deixe que ocorra o contrário. (anônimo).

555
"É preferível terminar com uma relação do que a relação terminar com um dos envolvidos." (anônimo).

556
"Só és senhor daquilo que podes dispensar. Do que não podes, és escravo." (atribuído a Pitágoras).

557
Vale lembrar o ditado popular que diz: "quando um não quer, dois não brigam".

558
Não precisa levar desaforo para casa, mostre ao oponente argumentos irrefutáveis de que não existe verdade naquela ofensa, que lhe faltam provas e que, portanto, suas palavras ofensivas ecoam no vazio sem lhe atingir. (anônimo).

559
Prefira a mente vazia à mente cheia de pensamentos negativos. (anônimo).

560

A mente cheia de pensamentos negativos é a oficina do diabo. (ditado popular).

561

O que os olhos não enxergam e o que os ouvidos não ouvem, o coração não sente. (ditado popular).

562

Águas passadas não movem moinhos. Não se lamente por coisas que deixou de fazer. Siga em frente. Não remoa coisas do passado. Foco no agora, no presente. (anônimo).

563

Quem semeia vento, colhe tempestade. O ditado popular diz tudo: se você planta maldade não pode colher bondade.

564

O que acontece com você hoje é fruto do que plantou lá no passado e, às vezes, quando o fruto é ruim, você nem se lembra de ter plantado alguma semente ruim. (anônimo).

565

Pode passar no sinal vermelho, mas um dia a conta chega. (anônimo).

566

É preciso saber viver: viva o presente sem remoer o passado nem com medo do que possa acontecer. (anônimo).

567

Ao viajar pelo caminho que vai ao encontro de momentos de felicidade, você passa pela gratidão, trabalho, vontade, honestidade e solidariedade, e tudo isso não acontece no passado nem no futuro. (anônimo).

568

O sofrimento é maior quando não aceitamos colher aquilo que plantamos. (anônimo).

569

Uma forma de sair da depressão é deixando de ser egoísta, desapegando-se das coisas e pessoas e agindo para melhorar a vida de outras pessoas. (anônimo).

570

Quando chove, você usa uma capa ou um guarda-chuva e a vida continua. Quando lhe aparece uma adversidade, você deve se adaptar às circunstâncias e tocar a vida. (anônimo).

571

Às vezes, a ansiedade aparece do nada e demora tempo até percebermos de onde veio. (anônimo).

572

Ninguém vai transformar você em uma pessoa melhor se você não quiser. (anônimo).

573

Sua saúde vai melhorar se você viver o presente. (anônimo).

574

Não transfira seus problemas para outros. Assuma-os. (anônimo).

575

Pratique "atenção plena", é uma maneira de viver o presente. (anônimo).

576

Relaxe, pois seus pensamentos e suas emoções podem gerar dor de cabeça, pressão alta, ansiedade e medo. (anônimo).

577

Pra cada pensamento negativo, tenha três positivos. Pra cada ação negativa, realize cinco positivas. O amor apaga o mal. (anônimo).

578

"O mal que me fazem não me faz mal. O mal que me faz mal é o mal que eu faço porque me torna mal." (Divaldo Pereira Franco).

579

A pessoa se enfraquece gastando energia com raiva e mágoa, e daí não encontra forças para uma caminhada até o sucesso. (anônimo).

580

Nossa energia deve ser gasta nas ações que acontecem agora, no presente. Ficar pensando no passado ou no futuro também gasta energia e nada se realiza. Tudo o que é realizado é no presente, no agora. Então, é inteligente focar nossa atenção no presente, dessa forma economizamos energia. (anônimo).

581

Pessoas que vivem a maior parte do dia assistindo televisão poderiam aproveitar melhor o tempo. (anônimo).

582

Tem gente que não muda de jeito nenhum. Só reclama, só arruma desculpa e se mete em encrenca todo tempo. (anônimo).

583

Identifique os pensamentos negativos e não dê vida a eles. Isso só depende de você. Se você não controla seus pensamentos, eles vão controlar você. (anônimo).

584

A emoção nos tira a razão. (anônimo).

585

"O amor que se faz apaga o mal que se fez." (Divaldo Pereira Franco).

586

Quando estiver ansioso, pense em coisas diferentes e faça uma caminhada ou qualquer exercício físico. Isso ajuda. (anônimo).

587

"O passado não tem poder sobre o momento presente." (Eckhart Tolle).

588

"Segurar a raiva é como beber veneno e esperar que a outra pessoa morra." (atribuído a Buda).

589
Muitas vezes tapamos a boca da nossa consciência, pois não queremos ouvi-la. E, pelo contrário, liberamos a boca dos pensamentos perniciosos, pois queremos ouvi-los. (anônimo).

590
"A educação é algo admirável, mas é bom recordar que nada que valha a pena saber pode ser ensinado." (Oscar Wilde).

591
"O pessimista é aquele que reclama do barulho quando a oportunidade bate à porta." (Oscar Wilde).

592
"Cada um de nós tem um céu e um inferno dentro de si." (Oscar Wilde).

593
"Cada um de nós é seu próprio demônio e faz deste mundo um inferno." (Oscar Wilde).

594
As virtudes nos blindam do mal. (anônimo).

Foco, determinação, persistência, ânimo, coragem, vontade, pensamentos positivos e busca pelo sucesso

Aqui foram agrupadas frases que tratam de pensamentos, sentimentos e ações visando atingir o sucesso. Alguns leitores vão se decepcionar quando refletirem sobre as frases, pois não existe um caminho suave, curto, fácil para atingir o sucesso. Também nem todos que alcançam o sucesso são felizes. Sucesso é relativo. Dinheiro é relativo. Quanto mais temos, mais queremos. As frases vão apontar para um outro ângulo de visão de entendimento do que é sucesso.

595

Foque em soluções e não em dificuldades, tanto uma quanto outra crescem quando você foca. (anônimo).

596

Limpe sua mente, separe aquilo que é realmente importante para você. (anônimo).

597

Não existe uma fórmula do sucesso, mas o mais próximo disso é conseguir promover mudanças para melhorar a vida de outras pessoas. (anônimo).

598

Você deve se orgulhar de todo esforço que fizer no sentido de alcançar seu objetivo. (anônimo).

599

A vida sempre flui. Quando uma porta se fecha, outra se abre. Não desista. (anônimo).

600

Empenhe-se no que te deixa mais próximo do seu objetivo. Amanhã você estará mais perto de onde quer chegar. (anônimo).

601

Normalmente o vencedor acreditou na vitória. (anônimo).

602

Uma vontade verdadeira de alcançar o destino acha um caminho. (anônimo).

603

O ser humano que faz o bem já é um vencedor. (anônimo).

604

Há pessoas que desistem, há pessoas que persistem. Tanto desistir quanto persistir são decisões. Essas decisões podem ser sábias ou tolas. (anônimo).

605

Maturidade não vem com a idade, vem com a aceitação de responsabilidade. Existem crianças adultas e adultos crianças. (anônimo).

606

Ouvir os sábios é bom. Melhor ainda é saber interpretar e tirar conclusões. E conclusão não é o bastante, tem que agir, colocar em prática. (anônimo).

607

Sempre empenhe-se ao máximo em tudo o que realmente for necessário ser feito. (anônimo).

608

A persistência inteligente faz parte do caminho para o sucesso. (anônimo).

609

Uma longa caminhada começa com o primeiro passo. Com persistência, inteligência e organização se chega no destino desejado. (anônimo).

610

Nada acontece sem ação. O mundo precisa de oração, mas precisa mais de ação. (anônimo).

611

A competição geralmente infla o ego. (anônimo).

612

Provavelmente você não será criticado se não fizer nada, não disser nada e não for alguém. (anônimo).

613

Seus sonhos devem ser maiores do que seus medos. (anônimo).

614

Não reclamar da vida torna as pedras do caminho menos pesadas e ajuda a chegar mais rápido ao destino final. (anônimo).

615

Resultados são frutos de ações e eles nem sempre são bons, mas isso não deve ser motivo para temer a ação. (anônimo).

616

Assuma seus erros, todos erram. (anônimo).

617

Conseguir ajudar aos outros é uma forma de sucesso. (anônimo).

618

Se tiver que fazer algo, empenhe-se em fazer com total dedicação e visando fazer o melhor. (anônimo).

619

Quando focamos em algo, arrumamos tempo para fazer o que tem que ser feito. (anônimo).

620

Sucesso é fazer a diferença na vida do outro e isso independe de quanto dinheiro você tem. (anônimo).

621
Sentindo-se como vencedor, agirá como vencedor. (anônimo).

622
O treinamento em reconhecer uma oportunidade pode ser um bom investimento. (anônimo).

623
Devemos filtrar os pensamentos para ter uma mente mais controlada a fim de focar no nosso objetivo. (anônimo).

624
Qualquer trabalho, por mais simples que esse trabalho possa parecer, que tenha que fazer, realize-o com todo seu empenho, dedicação e atenção. (anônimo).

625
Quem realmente quer lutar, começa lutando com as armas que tem. (anônimo).

626
Não alimente o medo, nunca. O medo quer cada vez mais. (anônimo).

627
A alma do vendedor se chama entusiasmo. (anônimo).

628
Não diga que isso ou aquilo é impossível de realizar. Alguém vai realizar. (anônimo).

629
O conhecimento deve ser adquirido na escola e fora dela. Só o conhecimento adquirido dentro da escola não é o suficiente. (anônimo).

630
Atos de coragem ajudam a repelir os medos. (anônimo).

631
Foco é concentrar suas energias para atingir um ponto alvo. O Sol distribuindo seu calor sobre uma folha de papel não produz fogo, mas o fogo surge se o calor do Sol for concentrado através de uma lente. (anônimo).

632

Você fracassa por um momento, não para sempre. O fracasso não significa que a guerra está perdida. A guerra é feita de muitas batalhas. Erga a cabeça, coluna ereta, reavalie a situação, tenha fé e continue seguindo em direção ao seu objetivo. (anônimo).

633

Seja positivo, sinta a conquista do seu propósito. Isso dá coragem para prosseguir e alimenta a vontade de chegar lá. (anônimo).

634

Você só é derrotado com o seu consentimento. Se não aceitar a derrota, é porque ainda existe uma chance. (anônimo).

635

O professor que melhor prepara e transmite uma aula, nem sempre é o que mais conhece da matéria. (anônimo).

636

Aceite os resultados dos acontecimentos, mas não desista de seu propósito. (anônimo).

637

Superação é para quem acredita que pode. (anônimo).

638

"Quando Deus quer que um homem faça grandes coisas, primeiro deixa-o passar fome, deixa-o fraco, faz com que atravesse dificuldade e privações, e frustra o que ele se empenha em fazer." (Mêncio).

639

Deus testa se você é determinado e persistente, preste atenção no seu dia a dia. (anônimo).

640

Palavra dada, compromisso assumido. (anônimo).

641

Não fuja de suas responsabilidades. (anônimo).

642

Não pense que o vencedor de uma guerra nunca perdeu uma batalha. Com certeza já perdeu. (anônimo).

643

Adquira e compartilhe conhecimento. Conhecimento é infinito, ninguém tem acesso a tudo. É importante a especialização num determinado assunto. "Cada macaco no seu galho". (ditado popular).

644

O respeito se conquista com responsabilidade, honestidade e sinceridade. (anônimo).

645

"A experiência é uma lanterna dependurada nas costas que apenas ilumina o caminho já percorrido." (Confúcio).

646

"Saber o que é correto e não o fazer é falta de coragem." (Confúcio).

647

Querendo ou não querendo, no final, você vai perder quase tudo que juntou. (anônimo).

648

"Nossa maior fraqueza está em desistir. O caminho mais certo de vencer é tentar mais uma vez." (Thomas Edson).

649

"Um homem criativo é motivado pelo desejo de alcançar, não pelo desejo de vencer os outros." (Ayn Rand).

650

Conquista = sonho + trabalho + disciplina + organização + persistência. (anônimo).

651

"Supere os desafios, bata recordes. O céu é o limite dos guerreiros. Lute contra todas as suas limitações." (Vagner Xavier).

652

"A nossa maior glória não reside no fato de nunca cairmos, mas sim em levantarmo-nos sempre depois de cada queda." (Oliver Goldsmith).

653

O universo conspira a favor daquele que tem grande força de vontade. (anônimo).

654

"O fracasso é simplesmente a oportunidade de começar de novo, desta vez de forma mais inteligente." (Henry Ford).

655

Você começa se rastejando, depois engatinha, depois fica em pé, depois tenta andar, mas cai muitas vezes, e, finalmente, atinge seu objetivo de caminhar sem ajuda. (anônimo).

656

É preciso saber viver em vários aspectos da vida. Quanto ao dinheiro, àqueles que o tem, é preciso cautela, mas creio que a melhor forma de o utilizar é poupando uma parte e empreendendo outra. Já para aqueles que não têm dinheiro, a cautela deve ser a de não endividamento, ou seja, não se tornar escravo dos bancos, portanto, não gastar mais do que ganha. (anônimo).

657

Não transfira sua responsabilidade para outro nem responsabilize o outro pelo seu fracasso. (anônimo).

658

Persista: água mole em pedra dura tanto bate até que fura. (ditado popular).

659

Uma andorinha sozinha não faz verão. Trabalhando em equipe alcança-se mais facilmente o objetivo. (ditado popular).

660

"Descobrir consiste em olhar para o que todo mundo está vendo e pensar uma coisa diferente." (Roger Von Oech).

661

A união faz a força. Esse ditado popular é semelhante ao "Uma andorinha sozinha não faz verão". Torna-se possível a realização de um trabalho. (ditado popular).

662

O homem é senhor do que pensa e escravo do que diz. (ditado popular). Pelo menos deveria ser assim, um homem depois que dá a sua palavra, deveria cumpri-la.

663

Não se faz um omelete sem quebrar os ovos. Na vida, às vezes, é preciso sacrificar alguma coisa para obter algo maior. (ditado popular).

664

"Sob a direção de um forte general, não haverá jamais soldados fracos." (Sócrates).

665

Conhecimento é infinito, especialize-se. (anônimo).

666

Sucesso é tomar atitude que impacta na melhoria da vida de outra pessoa. (anônimo).

667

Divida um problema em partes menores. (anônimo).

668

Em vez de criticar, sugira mudanças. (anônimo).

669

Motivação é o alimento da coragem para combater o medo. (anônimo).

670

As pessoas que atingem o sucesso pensam que podem chegar lá, acreditam e não desistem quando aparecem pedras no caminho. Normalmente são pessoas que têm autoestima elevada. (anônimo).

671
Adquira conhecimento, reflita, medite, conclua e tome suas próprias decisões. (anônimo).

672
As pessoas passam grande parte do tempo fazendo uma coisa e pensando noutra. (anônimo).

673
Escreva em detalhes o seu propósito, respondendo o que é, como é, para que serve, onde será realizado, quando, qual equipe, etapas do projeto, como outras pessoas vão se beneficiar daquilo, custos, patrocinadores. Visualize o propósito pronto. (anônimo).

674
Tenha um objetivo bem definido e comece a agir positivamente. Agindo assim você vai captar ideias criativas que mostrarão o caminho a trilhar e como trilhar. (anônimo).

675
O que é agir positivamente? Tenha fé, foque, acredite que vai dar certo, aja para evoluir outras pessoas, seja solidário, seja honesto, seja grato, não gaste tempo em fofocas, não desanime ao encontrar pedras em seu caminho, retire-as sem reclamar. (anônimo).

676
"Um investimento em conhecimento produz os melhores dividendos." (Benjamin Franklin).

677
Não reclame do seu emprego se você não é capaz de arrumar outro melhor. (anônimo).

678
Não reclame da sua vida se você não quer mudar as suas atitudes. (anônimo).

679
Quando entramos numa zona de conforto, paramos de adquirir conhecimento. (anônimo).

680

"O gênio é 1% de inspiração e 99% de suor." (Thomas Edison).

681

Não deixe para amanhã o que pode fazer hoje. Se está com tempo e tem uma tarefa para fazer, faça. Não fique adiando. (ditado popular).

682

Sua renda só vai crescer se você tomar novas atitudes. Mexa-se. (anônimo).

683

"O que impede você de ser rico? Na maioria dos casos, é simplesmente falta de crença. Para se tornar rico, você deve acreditar que você pode conseguir, e você deve tomar as medidas necessárias para atingir seu objetivo." (Suze Orman).

684

Assuma a sua responsabilidade, não a jogue sobre outra pessoa. (anônimo).

685

Não deseje menos problemas, deseje mais habilidades. (anônimo).

686

Para você ganhar mais, você não necessariamente precisa trabalhar mais horas. O que precisa é fazer um trabalho mais valoroso, portanto você tem que se tornar uma pessoa mais valorosa. (anônimo).

687

Aprenda a trabalhar mais em você mesmo do que você trabalha no seu emprego. Assim você vai se tornar mais valioso. (anônimo).

688

Se você trabalhar duro no seu emprego, você terá um sustento, se você trabalhar duro em si mesmo, você poderá ter uma fortuna. (anônimo).

689

Lucro é melhor do que salário, seja empreendedor. (anônimo).

690

"Todo o dinheiro do mundo não significa nada se você não tiver tempo para aproveitá-lo." (Oprah Winfrey).

691

"Acredito muito na sorte, e parece que, quanto mais eu trabalho, mais sorte tenho." (Thomas Jefferson).

692

"Somente aqueles que se atrevem a falhar podem conseguir muito." (Robert Kennedy).

693

"A educação formal fará você viver bem, a autoeducação fará você ter fortunas." (Jim Rohn).

694

"Todos nós temos sonhos, mas para realizar sonhos é preciso muita determinação, dedicação, autodisciplina e esforço." (Jesse Owen).

695

"O maior erro que você pode cometer na vida é ter medo de fazer alguma coisa." (Elbert Hubbard).

696

"Muitas pessoas têm ideias, mas são poucas as que decidem fazer algo a respeito. O verdadeiro empreendedor é um fazedor. Não é um sonhador." (Nolan Bushnell).

697

"Para ter sucesso, seu desejo de sucesso deve ser maior do que seu medo do fracasso." (Bill Cosby).

698

"O importante é não ter medo de correr riscos. Lembre-se, o maior fracasso é não tentar. Depois de encontrar algo que você gosta de fazer, seja o melhor nisso." (Debbie Fields).

699

"Nosso propósito na vida não é superar os outros, mas superar a nós mesmos." (Joseph Cossman).

700

"Pessoas persistentes começam seu sucesso onde outros terminam em fracasso" (Edward Eggleston).

701

"O segredo para o sucesso na vida é um homem estar pronto para a oportunidade quando ela aparece." (Benjamin Disraeli).

702

"Se fôssemos motivados pelo dinheiro, teríamos vendido a empresa há muito tempo e estaríamos desfrutando da praia." (Larry Page).

703

"Se eu ganhei muito dinheiro, foi porque meu objetivo nunca foi ganhar dinheiro." (Amâncio Ortega).

704

"Não há segredos para o sucesso. É o resultado da preparação, do trabalho duro e do aprendizado do fracasso." (Colin Powell).

705

"Nenhum homem pode se tornar rico para si mesmo sem enriquecer os outros." (Andrew Carnegie).

706

"Você deve controlar o seu dinheiro ou a falta dele irá controlá-lo para sempre." (Dave Ramsey).

707

Se queres mais, invista em si mesmo. (anônimo).

708

"Sua grandeza é limitada apenas pelos investimentos que você faz em si mesmo." (Grant Cardone).

709

"Como você ganha dinheiro é mais importante do que quanto dinheiro você faz." (Gary Vaynerchuk).

710

"Tente entender o que você vê e pense sobre o que faz o universo existir. Seja curioso, e por mais difícil que a vida possa parecer, sempre há algo que você pode fazer e ter sucesso. É importante que você não desista." (Stephen Hawking).

711

"A preocupação com a administração da vida parece distanciar o ser humano da reflexão moral." (Zigmunt Bauman).

712

"Hoje, o medo da exposição foi abafado pela alegria de ser notado." (Zigmunt Bauman).

713

"Pensar numa solução é o trabalho mais difícil que existe. Talvez por isso tão poucos se dediquem a ele." (Henry Ford).

714

"Os analfabetos do século 21 não serão aqueles que não sabem ler e escrever, mas aqueles que não sabem aprender, desaprender e reaprender." (Alvin Toffler).

715

"Antes de dizer que não consegue fazer alguma coisa, experimente." (Sakichi Toyoda).

716

Você pode não vencer, mas alguma coisa vai aprender. (anônimo).

717

Vontade, prioridade, entusiasmo, perseverança, organização, disciplina, conhecimento e muito trabalho estão por trás daqueles que alcançam o sucesso. (anônimo).

718

"Nossas dúvidas são traidoras e nos fazem perder o que, com frequência, poderíamos ganhar, por simples medo de arriscar." (William Shakespeare).

719

"Quem não é visto, não é lembrado" (ditado popular). As pessoas precisam saber que você ou seu produto existe.

720

Problemas são oportunidades para mostrar o que se sabe, ou para aprender o que não se sabe. (anônimo).

721

"Lembre-se sempre de que a sua vontade de triunfar é mais importante do que qualquer outra coisa." (Abraham Lincoln).

722

"A arte de ser ora audacioso, ora prudente, é a arte de vencer." (Napoleão Bonaparte).

723

"Quando você contrata pessoas mais inteligentes do que você, você prova que é mais inteligente do que elas." (R. H. Grant).

724

"O talento vence jogos, mas só o trabalho em equipe vence campeonatos." (Michael Jordan).

725

"O mercado dita inovações. Quem não segue vira peça de museu." (Phill Knight).

726

Todo negócio deve ser íntegro. Íntegro quer dizer correto, justo, honrado e ético. (anônimo).

727

"Existe o risco que você jamais pode correr. Existe o risco que você jamais pode deixar de correr." (Peter Drucker).

728

"A qualidade do seu trabalho tem tudo a ver com a qualidade da sua vida." (Orison Swett Marden).

729

"Nunca se esqueça de um cliente; e nunca deixe que um cliente esqueça você." (Walter Reuther).

730

"Ganharão o jogo as empresas que têm como missão exceder as expectativas dos clientes." (Richard Whiteley).

731

"Toda empresa precisa ter gente que erra, que não tem medo de errar e que aprende com erro." (Bill Gates).

732

"A confiança em si mesmo é o primeiro segredo do sucesso." (Ralph Waldo Emerson).

733

"Sempre que se vê um empreendimento de sucesso é porque alguém antes tomou uma decisão destemida." (Peter Ducker).

734

"Devemos prometer somente aquilo que podemos entregar e entregar mais do que prometemos." (Jean Rozwadowski).

735

"Profissional nota 10 é aquele que tem 2 pontos de esforço, 3 pontos de talento e 5 pontos de caráter." (Roland Barthes).

736

"Se não puder destacar-se pelo talento, vença pelo esforço." (Dave Weinbaum).

737

"Se existe uma forma de fazer melhor, descubra-a." (Thomas Edison).

738

"Não deixe o ruído das opiniões dos outros abafar a sua própria voz interior." (Steve Jobs).

739

"Somente os que ousam errar muito podem realizar muito." (John F. Kennedy).

740

"Aceite os desafios para que possa sentir o sabor da vitória." (General George S. Patton).

741
"Metas são necessárias não só para nos motivar, mas para nos manter vivos." (Robert H. Schuller).

742
"Pessoas com meta têm sucesso, pois sabem aonde estão indo." (Earl Nightingate).

743
"Os clientes julgam os serviços pela maneira que são tratados por aqueles com quem têm contato." (Carl Sewell).

744
"Um grande prazer na vida é fazer aquilo que dizem que você não é capaz de fazer." (Walter Gagehot).

745
"O primeiro passo indispensável para conseguir coisas na vida é decidir o que você quer." (Ben Stein).

746
"Quando as expectativas aumentam, inicia-se um ciclo interminável e contínuo de melhoria." (Steven Hronec).

747
"Os satisfeitos nada mais fazem. Os insatisfeitos são os únicos propulsores do mundo." (Walter Savage Landor).

748
"Todas as coisas são possíveis àqueles que creem." (S. Marcos, 11:23).

749
"O que merece ser feito, merece ser bem feito." (Lord Chesterfield).

750
"Não encontre defeitos, encontre soluções. Qualquer um sabe queixar-se." (Henry Ford).

751
"Para evitar críticas: não faça nada, não diga nada, não seja nada." (Elbert Hubbard).

752

"Planeje o seu trabalho hoje para todos os dias trabalhar o seu plano." (Norman Vincent Peale).

753

"Supere a expectativa do cliente com pequenas ações frequentes e não solicitadas." (David Freemantle).

754

"Sucesso é apenas sorte; pergunte para qualquer fracassado." (Earle Wilson).

755

"Todos os dias me levanto para vencer." (Onassis).

756

"Meu sucesso se deve ao fato de me cercar de pessoas competentes." (Enzo Ferrari).

757

"O verdadeiro risco é não fazer nada." (Denis Waitley).

758

"A qualidade do serviço e produto é decorrência da qualidade das pessoas." (Claus Moller).

759

"Nossas dúvidas são traidoras e nos fazem perder, por medo de tentar, o que poderíamos ganhar." (William Shakespeare).

760

História popular: havia um muro separando o céu do inferno. Um homem estava sobre o muro. De um lado, vários anjos do céu gritando "pula! pula!" e, do outro lado, o diabo olhando calmamente, sem se pronunciar. O homem então perguntou ao diabo por que ele também não gritava "pula! pula!" e o diabo respondeu, não é preciso, pois o muro me pertence.

761

Quando pensar em abrir um negócio, pense primeiro em atender com excelência o gosto do cliente. Esse negócio deve ser tão importante para o cliente quanto para o dono do negócio. (anônimo).

762

O cliente quer atenção. A empresa tem que dar atenção de bom grado, com sinceridade. (anônimo).

763

"Ninguém pode construir uma reputação com base naquilo que ainda vai fazer." (Henry Ford).

764

O seu caminho pode ser também o caminho de mais gente. Cuidado para não ser atropelado. (anônimo).

765

Você compraria o produto que está tentando convencer o cliente a comprar? Esse produto visa beneficiar o cliente ou visa beneficiar dono do negócio? Em primeiro lugar, atender a uma necessidade do cliente. O lucro é uma consequência. (anônimo).

766

Seja qual for o seu ambiente de trabalho, seja uma referência positiva para os outros. (anônimo).

767

Estabeleça um caminho a ser seguido. Isso é mais importante do que até onde você vai chegar. (anônimo).

768

Não faça algo para outra pessoa que você não deseja para si. (anônimo).

769

Escute os seus clientes e aja para atendê-los. (anônimo).

770

O trabalho em equipe geralmente é mais eficaz. (anônimo).

771

Ignorante é uma palavra ofensiva, mas todos nós somos em algum assunto. (anônimo).

772

A vida é curta e passa muito rápido. Pare de ficar só pensando e aja. (anônimo).

773

Acumule conhecimentos para colocá-los em prática. (anônimo).

774

No percurso da sua vida, procure sempre aplicar o bom senso. (anônimo).

775

Se a sua empresa ganha nota máxima, é porque seus funcionários são excelentes. (anônimo).

776

"Nossa meta é resolver problemas antes que os clientes saibam que eles existam." (Ron Bern).

777

Cliente é todo aquele que tem uma necessidade. (anônimo).

778

O medo de cometer erro paralisa uma pessoa. (anônimo).

779

O cliente sempre procura novas ofertas com qualidade. (anônimo).

780

Antes de se propor a vencer o outro, proponha-se a vencer a si mesmo. (anônimo).

781

Promessa sempre tem um valor. Cumprindo você ganha, descumprindo você perde. Cautela na hora de prometer. (anônimo).

782

"Quem não arrisca, não petisca." (ditado popular). Não se pode realizar ou conseguir algo sem correr riscos.

783

Investir em conhecimento sempre dá bons dividendos. (anônimo).

784

Quem atende o telefone de uma empresa passa, ao cliente, a primeira imagem da empresa. (anônimo).

785

Existe jovem sem esperança que acha que as oportunidades do mundo não são pra ele. Às vezes, esse jovem só precisa saber que ele pode competir se despertar a garra, vontade, ânimo e disposição que existem dentro dele. (anônimo).

786

"Você pode construir o mais belo lugar do mundo, mas serão as pessoas que tornarão realidade o sonho." (Walt Disney).

787

Cortesia não custa nada e dá bons frutos. (anônimo).

788

Se você vende alguma coisa, pergunte a si mesmo: "Eu pagaria por isso?" (anônimo).

789

"Quem quer agradar a todo mundo não agrada a ninguém". Temos que focar. (anônimo).

790

Trabalho em equipe fica mais leve. (anônimo).

791

"A confiabilidade do serviço é fator mais importante de todos, duas vezes acima dos demais." (Gordon Spainhower).

792

Você precisa refletir sobre seus erros para tornar-se uma pessoa melhor. (anônimo).

793

"Trate seus funcionários assim como quer que eles tratem seus melhores clientes." (Stephen Covey).

794

Você não precisa ser um sucesso, basta ser uma pessoa de valor. (anônimo).

795

Clientes satisfeitos fazem a propaganda gratuita do seu negócio. (anônimo).

796

"O papel do gerente é de orientar, energizar e estimular." (Jack Welck). (anônimo).

797

A única forma de crescer nos negócios, nos estudos, nos relacionamentos, é mudando a forma de como você vem agindo. (anônimo).

798

"Você não crescerá a não ser que tente algo além daquilo que já domina." (Ronald Osborn).

799

"Tudo o que você sempre quis está do outro lado do seu medo." (George Addair).

800

"Todo o marketing da sua empresa pode ser anulado por um único empregado grosseiro." (John Tschohl).

801

É preferível que tenham inveja de você do que sintam pena de você. (anônimo).

802

"Se não agrega valor, pare; se faz sentido para o cliente, prossiga." (Bob Harbage).

803

Empresas que prestam serviço precisam ter colaboradores que gostem de pessoas. (anônimo).

804

"O que pode sair errado? Essa é a pergunta a se fazer ao projetar os seus sistemas." (Carl Sewell).

805

"Você pode tudo se tiver entusiasmo." (Henry Ford).

806

"Não sei aonde vou, mas já estou no caminho." (Carl Sandburg).

807

Ninguém gosta de gente mentirosa. É preferível reconhecer o erro do que mentir. (anônimo).

808

"O insucesso é uma oportunidade para recomeçar com mais inteligência." (Henry Ford).

809

"Se der errado, a gente dá um jeito. Se quebrar, a gente conserta. Se bagunçar, a gente arruma. E se tudo acabar, a gente recomeça." (anônimo).

810

"Tenha coragem. Vá em frente. Determinação, coragem e autoconfiança são fatores decisivos para o sucesso. Não importa quais sejam os obstáculos e as dificuldades. Se estamos possuídos de uma inabalável determinação, conseguiremos superá-los independentemente das circunstâncias, devemos ser sempre humildes, recatados e despidos de orgulho." (Dalai Lama).

811

"Transportai um punhado de terra todos os dias e fareis uma montanha." (Confúcio).

812

O difícil é aprender como faz, depois fica fácil. (anônimo).

813

"O conhecimento de ninguém pode ir além de sua experiência." (John Locke).

814

Se fosse fácil, todo mundo faria. (anônimo).

815
Na crise, adquira novas habilidades para se fortalecer. (anônimo).

816
"Dinheiro não traz felicidade, mas dá uma sensação tão parecida que é necessário um especialista para ver a diferença." (Oscar Wilde).

817
"Nos tempos atuais, os jovens pensam que o dinheiro é tudo, algo que comprovam quando ficam mais velhos." (Oscar Wilde).

818
Muita informação ao mesmo tempo mais atrapalha do que ajuda. (anônimo).

819
"Experiência é algo que não se consegue sem esforço." (Oscar Wilde, adaptado).

820
"A insatisfação é o primeiro passo para o progresso de um homem ou de uma nação." (Oscar Wilde).

821
"Quando era jovem, escrevia de uma tirada, fazia cópias, voltava para corrigir. Agora vou corrigindo linha por linha à medida que escrevo, de sorte que, ao terminar a jornada, tenho uma folha impecável, sem manchas nem rasuras, quase pronta para levar ao editor." (Gabriel Garcia Márquez).

822
"Tudo seria fácil se não fossem as dificuldades." (Barão de Itararé).

823
"O homem nasceu para lutar e a sua vida é uma eterna batalha." (Thomas Carlyle).

824
Busque educação, conhecimento e habilidades; dessa forma o difícil fica mais fácil. (anônimo).

Felicidade, paz, amor incondicional e conforto espiritual

Aqui foram agrupadas frases que tratam da felicidade, paz, amor incondicional, conforto espiritual, solidariedade, perdão e caridade. Ninguém é feliz todo tempo. Felicidade é um momento. Ganhar um par de calçado usado pode gerar um momento de felicidade para quem nunca teve sapatos. Ganhar um automóvel de US$20.000 pode não gerar felicidade para quem está acostumado com carros de US$200.000. Felicidade é relativa. As frases vão apontar para um outro ângulo de visão do entendimento para o caminho da felicidade e da paz.

825

Nem todo pobre se sente pobre, nem todo rico se sente rico. (anônimo).

826

Felicidade é poder fazer algo de útil. (anônimo).

827

Não importa quão pequena seja sua casa, ela pode comportar muito amor. (anônimo).

828

A felicidade vem quando se tem um propósito. (anônimo).

829

Pobre é aquele que lhe falta o amor incondicional. (anônimo).

830

Sempre decida ficar ao lado do amor. O ódio pesa nas costas de quem carrega. (anônimo).

831

Quem pratica o amor incondicional aceita as pessoas como elas são e não exige delas a perfeição. (anônimo).

832

Quem realmente ama incondicionalmente não teme nada nesta vida, nem noutra se houver, pois esse sentimento é o que mais te aproxima de Deus. (anônimo).

833

"Existem três classes de pessoas que são infelizes: a que não sabe e não pergunta; a que sabe e não ensina e a que ensina e não faz." (Buda).

834

"Irradie amor sem limites para o mundo inteiro." (Buda).

835

"A mente é instável e difícil de controlar. Ela corre para onde ela quer. É bom dominá-la. A mente domada garante felicidade." (Buda).

836

"Melhor que mil palavras vazias, é uma palavra que traz paz." (Buda).

837

A felicidade e o sofrimento estão dispostos tanto para o rico quanto para o pobre. (anônimo).

838

A natureza é muito generosa e grata. Quando você ajuda aos outros, a natureza lhe ajuda também. Não tenha dúvida para ajudar, em troca você receberá mais do que ajudou. (anônimo).

839

Existe um ditado popular que diz que é dando que se recebe. Doe-se mais.

840
O amor tem o poder de curar. É preciso praticar o amor incondicional. (anônimo).

841
Não fique na dúvida em amar a si próprio ou amar ao próximo. O amor incondicional não distingue um do outro. (anônimo).

842
O amor incondicional está preso dentro de nós. Nós podemos libertá-lo. (anônimo).

843
O amor incondicional cura doenças. (anônimo)

844
Praticar amor incondicional e perdão incondicional não é tarefa para qualquer um. (anônimo)

845
Não busque fora o que pode ser encontrado dentro. (anônimo).

846
Medo e dúvida são dois tormentos em nossa mente. (anônimo).

847
Oportunidades para se praticar o amor incondicional não faltam. (anônimo).

848
Praticar o amor incondicional é a maior oportunidade do mundo e está disponível para os ricos e para os pobres. (anônimo).

849
Quanto mais você se conscientiza de suas atitudes, mais ganha controle do que ocorre dentro de você e ao seu redor. (anônimo).

850
Os maiores benefícios do perdão é para quem perdoa. (anônimo).

851

Você ama alguém ou você lhe impõe condições? (anônimo).

852

Se quer evoluir, procure deixar a zona de conforto. (anônimo).

853

Quer transformar o mundo, transforme pessoas. A educação transforma pessoas. (anônimo).

854

Felicidade e conhecimento sempre aumentam ao serem compartilhados. (anônimo).

855

"Melhor é um pedaço de pão seco com paz e tranquilidade do que uma casa onde há banquetes, e muitas brigas." (Provérbios 17:1).

856

Não precisa pedir nada a Deus, ele já sabe o que você precisa. Tenha fé, acredite, trabalhe sem resmungar e desenvolva o amor incondicional. (anônimo).

857

Não pense duas vezes se for para agir em prol do desenvolvimento do amor incondicional. (anônimo).

858

"A melhor maneira de ser feliz é contribuir para a felicidade dos outros." (Confúcio).

859

Saúde mental incluindo meditação, saúde alimentar e saúde financeira deveria ser ensinado desde os primeiros anos da escola. (anônimo).

860

"De nada vale ajudar aqueles que não se ajudam a si mesmos." (Confúcio).

861

"Não corrigir as próprias falhas é cometer a pior delas." (Confúcio).

862

"Exige muito de ti e espera pouco dos outros. Assim, evitarás muitos aborrecimentos." (Confúcio).

863

"Escolhe um trabalho de que gostes, e não terás que trabalhar nem um dia na tua vida." (Confúcio).

864

"Para que preocuparmo-nos com a morte? A vida tem tantos problemas que temos de resolver primeiro." (Confúcio).

865

"É dando que se recebe." (atribuída a São Francisco de Assis).

866

Algumas vezes na vida, é preciso perder dinheiro para ganhar paz. (anônimo).

867

Seja honesto consigo mesmo. (anônimo).

868

"O otimismo é a fé em ação. Nada se pode levar a efeito sem otimismo." (Helen Keller).

869

Você não pode ter certeza de que o outro é feliz pela expressão dele. (anônimo).

870

Todas as pessoas têm momentos felizes. (anônimo).

871

"Encontra ânimo na dor e no desafio. Nesta vida só nos são colocados à frente os obstáculos que somos capazes de ultrapassar." (Augusto Branco).

872

"Não importa a cor do céu, quem faz o dia lindo é você." (anônimo).

873

"Se quer viver uma vida feliz, amarre-se a um objetivo, não às pessoas ou aos objetos." (atribuído a Albert Einstein).

874

Quem tem um propósito vive momentos felizes todos os dias. (anônimo).

875

"Acredite em milagres, mas dependa deles." (Immanuel Kant).

876

"Um livro, uma caneta, uma criança e um professor podem mudar o mundo." (Malala Yousafzai).

877

"Viver é acalentar sonhos e esperanças, fazendo da fé a nossa inspiração maior. É buscar nas pequenas coisas, um grande motivo para ser feliz." (Mario Quintana).

878

"Independentemente das circunstâncias, devemos ser sempre humildes, recatados e despidos de orgulho." (Dalai Lama).

879

"Uma atmosfera de amor em sua casa é muito importante. Faça tudo que puder para criar um lar tranquilo e com harmonia." (Dalai Lama).

880

Com fé, persista acreditando na força do bem. (anônimo).

881

Dentro de todos nós tem um baú mágico. Nesse baú tem vontade, força e fé que nunca acaba. Use esses tesouros como ferramentas para ajudar aos outros e a si mesmo. Se você perdeu a chave do baú, busque uma cópia no silêncio da sua consciência. (anônimo).

882

"Não há nada que não se consiga com a força de vontade, a bondade e, principalmente, com o amor." (Cícero).

883

A fé e o amor incondicional são vizinhos de Deus. (anônimo).

884

"Nos momentos de dificuldade de minha vida, lembrei-me de que na história da humanidade o amor e a verdade sempre venceram." (Mahatma Gandhi).

885

Existem ateus que amam e ajudam ao próximo mais do que aqueles que dão glória a Deus. (anônimo).

886

"Ao ateu não diria que sua vida está condenada, porque estou convencido de que não tenho direito de fazer juízo sobre a honestidade dessa pessoa." (Papa Francisco).

887

"Ninguém vence sozinho, nem no campo, nem na vida." (Papa Francisco).

888

"Se o mal é contagioso, o bem também é. Deixemo-nos contagiar pelo bem." (Papa Francisco).

889

Existe caminho do mal e caminho do bem. Todos nós podemos optar. Fazemos essa opção todos os dias. Às vezes o caminho do mal parece ser mais prazeroso, cuidado!

890

"A realidade pode mudar, o homem pode mudar. Procurem ser vocês os primeiros a praticar o bem, a não se acostumarem com o mal e sim vencê-lo." (Papa Francisco).

891

"Quem é da luz não mostra sua religião, e sim o seu amor." (Papa Francisco).

892

Tem muita gente pobre nesse mundo que dá lição de generosidade em muitos ricos. (anônimo).

893

Nessa vida nunca seremos perfeitos, mas podemos tentar ser melhores um pouquinho a cada dia. (anônimo).

894

Tudo fica mais bonito num dia ensolarado, assim como tudo fica melhor com boas ações. (anônimo).

895

Se você gosta de ser apegado a alguma coisa, escolha ser apegado ao amor incondicional. Não se apegue a bens materiais nem às pessoas. (anônimo).

896

Não economize em distribuir amor, quanto mais amor você distribuir, mais ele cresce dentro de você, e não se preocupe, ninguém morre por apresentar excesso de amor. (anônimo).

897

Respeito com o próximo é uma forma de amor. (anônimo).

898

Não queira ter tudo neste mundo, você não vai ter onde guardar, não vai usar, e terá menos paz. (anônimo).

899

Tem gente que sabe viver com pouco e tem momentos de felicidade. (anônimo).

900

Suponha que a felicidade pudesse ser medida e que tivesse intensidade de um a 10. Uma pessoa ganha um prêmio de um milhão e fica feliz com a intensidade oito; outro ganha um prêmio de um mil e também fica feliz com a intensidade oito. Isso parece ilógico, pois a pessoa que ganhou um milhão deveria se sentir mil vezes mais feliz. (anônimo).

901

Procure ser empático, dessa forma um sentimento de crítica pode desaparecer. (anônimo).

902

O mundo passaria por uma grande transformação se cada um passasse a respeitar o direito do outro. Respeito ao próximo. (anônimo).

903

É óbvio que onde existe paz não existe confusão. A paz pode ser cultivada pelo diálogo, empatia, compaixão, amor, cooperativismo, aceitação e respeito ao próximo. (anônimo).

904

Aceite você como você é, aceite o outro como o outro é, e não imponha condições para amar. (anônimo).

905

Quando você acha que seu trabalho te deixa feliz, é porque você está descobrindo o seu propósito. (anônimo).

906

Não adianta dar murro em ponta de faca. Prefira a paz. (anônimo).

907

Um detalhe faz uma grande diferença. (anônimo).

908

"O ciumento passa a vida a procurar um segredo cuja descoberta lhe destruiria a felicidade." (Axel Oxenstiern).

909

Às vezes, basta só enxergar de outro ângulo para mudar o entendimento. (anônimo).

910

"A espantosa realidade das coisas é a minha descoberta de todos os dias. Cada coisa é o que é. E é difícil explicar a alguém quanto isso me alegra, e quanto isso me basta. Basta existir para se ser completo." (Fernando Pessoa).

911

Não grite a sua felicidade, pois a inveja tem sono leve. Esse ditado popular antigo quer dizer que o invejoso vai ficar de olho em você. Hoje os tempos são outros, e as pessoas, nas redes sociais, fazem questão de compartilhar sua felicidade.

912

"Se vives de acordo com as leis da natureza, nunca serás pobre; se vives de acordo com as opiniões alheias, nunca serás rico." (Sêneca).

913

Seja honesto, respeite o próximo, trabalhe, busque educação, dessa forma pode ser que não enriqueça, mas não serás pobre. (anônimo).

914

Cada um sabe onde lhe aperta o sapato. (ditado popular). Meus problemas são diferentes dos seus. Minha dor é diferente da sua. Meu sofrimento é diferente do seu. O que é, para mim, uma dificuldade, pode ser que não seja para você.

915

Em vários momentos do dia, a alma deve ser alimentada com boas ações, e a mente ser limpa dos pensamentos perversos. (anônimo).

916

Viva em paz e morrerá em paz. Viva corretamente e não terá medo da morte. (anônimo).

917

"Vive com os homens como se Deus te estivesse a ver; fala com Deus como se os homens te estivessem a ouvir." (Sêneca).

918

"Mas eis a hora de partir: eu para morte, vós para a vida. Quem de nós segue o melhor rumo ninguém o sabe, exceto os deuses." (Sócrates).

919

Temos que nos dar conta que vivemos a maior parte do tempo no piloto automático. Estamos fazendo uma coisa e pensando noutra. É preciso atenção plena no que estamos fazendo, atenção no agora. (anônimo).

920

"Se todos os nossos infortúnios fossem colocados juntos e, posteriormente, repartidos em partes iguais por cada um de nós, ficaríamos muito felizes se pudéssemos ter apenas, de novo, só os nossos." (Sócrates).

921

Não queira abraçar o mundo. Tem gente que deseja muito e ao mesmo tempo. Não vai conseguir nada. Foque em um desejo de cada vez. (anônimo).

922

Às vezes, a pessoa não é o que parece ser. (anônimo).

923

"Se a morte fosse mesmo o fim de tudo, seria isso um ótimo negócio para os perversos, pois ao morrer teriam canceladas todas as maldades, não apenas do seu corpo mas também de sua alma." (Sócrates).

924

O pensamento é a chave para os tesouros e para as desgraças. (anônimo).

925

Felicidade ocorre em pequenos momentos. Agradeça cada momento feliz. Agradeça por mais um dia de vida. Cada dia, é mais uma oportunidade para se tornar um ser melhor. (anônimo).

926

Estar de bem com a vida é estar em paz, é estar sem medo, ansiedade, depressão, angústia e ódio. Você pode ganhar muito dinheiro e não ter paz. (anônimo).

927

Reserve cinco minutos por dia para silenciar sua mente. (anônimo).

928

Fique alguns segundos a sós com sua consciência. Fale para os pensamentos esperarem, pois você está ocupando conversando com a consciência. (anônimo).

929

Se tiver que optar entre fazer o bem e orar, faça o bem. (anônimo).

930

Deixa a vida te levar, mas antes diga a ela pra onde quer ir. (anônimo).

931

Amor é uma riqueza que você pode gastar à vontade, nunca acaba, pelo contrário, se você gasta, você fica mais rico. (anônimo).

932

Nós geramos os filhos que é preciso para a nossa evolução e não para serem iguais a nós. (anônimo).

933

A limpeza da casa é feita de dentro para fora. A cura começa no interior. (anônimo).

934

Solidariedade é o amor agindo. (anônimo).

935

Se você diz que fará isso ou aquilo quando tiver tempo ou dinheiro, esqueça, não vai fazer. Quem quer faz, encontra meios. (anônimo).

936

História infantil: "Deus estava cansado da criatura humana e pediu aos anjos que indicassem um lugar para Ele se esconder. Um dos anjos disse: esconda-se no coração da criatura". (anônimo).

937

Um doente em estado terminal disse aos familiares: "é só o corpo que está com câncer, eu estou bem!". (anônimo).

938

Quer que a vida sorria para você? Então pare de reclamar. (anônimo).

939

Não espere gratidão de ninguém, assim você não sofre. (anônimo).

940

Quando o amor é completo, não se exige nem um "obrigado". (anônimo).

941

Aprender a meditar é como usufruir de um tesouro que existe dentro de você. (anônimo).

942

A postura do corpo físico reflete o estado de alegria ou de tristeza. Sorria, deixe a coluna reta, erga a cabeça, por uns instantes vai desaparecer a tristeza. Você pode repetir isso quantas vezes quiser, não tem contraindicação. (anônimo).

943
Tem gente com muito e faz pouco, e tem gente com pouco e faz muito. (anônimo).

944
Você não atrai o que quer, você atrai o que você é. (anônimo).

945
Se nossa mente está confusa, o melhor a fazer é buscar o silêncio. Não conseguimos enxergar o fundo quando as águas estão turbulentas. (anônimo).

946
Quem realiza boas ações, que impactam a vida de outras pessoas, se aproxima de Deus. (anônimo).

947
Tem gente que reza, reza, pede, pede e recebe mais dificuldade do que benção. Primeiro pague sem reclamar o que está devendo, depois receberá mais créditos. As pedras no seu caminho são como lições que deve aprender. (anônimo).

948
Se alguma coisa deu errado, investigue na sua consciência. Provavelmente vai encontrar uma razão.

949
São alguns dos defeitos do ser humano: caluniar, duvidar e não amar. (anônimo).

950
"Não sobrecarregue seus dias com preocupações desnecessárias." (Chico Xavier).

951
Faça o melhor que for possível, assim vai se sentir feliz consigo mesmo. (anônimo).

952
Deus não lhe dá tudo que pede, mas lhe dá tudo que precisa. (anônimo).

953

Agradeça por coisas boas que lhe acontece diariamente e que você nem percebe. Só vai perceber se lhe for tirado. (anônimo).

954

Quando você sorri, você consegue estar próximo de um momento de felicidade. Você passa uma mensagem positiva para o cérebro. (anônimo).

955

Você precisa de quase nada para viver momentos de felicidade. (anônimo).

956

Tem muito conhecimento que está sendo passado através das letras de música. Preste atenção nas letras. Tem muita baboseira também. Cabe a você filtrar e absorver o que lhe é útil para evolução. (anônimo).

957

Nós estabelecemos muitas condições para sermos felizes. (anônimo).

958

Quer um mundo melhor? Comece mudando a si mesmo. (anônimo).

959

"Apenas um raio de sol é suficiente para afastar várias sombras." (São Francisco de Assis).

960

"É perdoando que somos perdoados." (São Francisco de Assis).

961

"Onde o silêncio e a meditação reinam, não há lugar para preocupação." (São Francisco de Assis).

962

Não só peça paz, aja para que isso aconteça. (anônimo).

963

Existem pessoas desanimadas da vida, não têm forças para tirar as pedras do seu caminho. Oram, rezam, pedem a Deus, mas nada acontece. Falta-lhes motivação para viver. (anônimo).

964

Conheci um jardineiro que trabalha para uma grande empresa. Ele cuida dos jardins. Fico feliz só de ver a felicidade dele. Ele ganha um salário mínimo, ri, está sempre disposto a conversar com as pessoas e explica como tratar das plantas. No intervalo do almoço, joga futebol, ou joga baralho e ainda toca uma viola numa roda de amigos. No fim da tarde, vai para o vestiário toma banho, troca de roupa, pega sua bicicleta e vai para uma escola estudar. Ele vive o presente. Nunca o vi reclamando da vida. (o autor).

965

O amor é uma fonte de energia. (anônimo).

966

A boa amizade, a gratidão, a prática da solidariedade, a alegria, o perdão, a autoestima e principalmente o amor incondicional são fontes de energia, nas quais a pessoa deve recarregar suas baterias. (anônimo).

967

Saiba separar o que é problema seu, e o que é problema do outro. Ser solidário não é assumir responsabilidades do outro não. (anônimo).

968

Quando iniciar um trabalho, não o deixe pela metade. Deixando pela metade, aquilo vai lhe consumir energia cada vez que olhar para ele ou lembrar dele. Pelo contrário, quando você olha para um trabalho finalizado, a sensação é boa e parece que suas energias se renovam. (anônimo).

969

Seja disciplinado, organizado, honesto e trabalhador. Isso traz mais benefícios do que prejuízos, e não custa nada. (anônimo).

970

Mesmo os mais desgraçados podem ser orientados a mudar de vida. Ocorre que muitos deles estão num estado tão depressivo e degradado que acham que pra eles não tem mais jeito e que o sofrimento vai acompanhá-los até a morte. (anônimo).

971

Normalmente a pessoa pede a Deus, para Ele mudar a vida dela. Não adianta. A pessoa tem que querer mudar, tem que iniciar as mudanças de atitudes. Entregar o dízimo pensando que Deus vai lhe realizar o pedido é uma ofensa a Deus. Deus não precisa de dinheiro. Deus quer novas atitudes. Comece a fazer mais, sem reclamação, e pedir menos. A fé inteligente não é a cega. Fé inteligente significa que você tem que fazer a sua parte, acreditar naquilo que está se propondo a fazer. (anônimo).

972

Como se tornar uma pessoa melhor: aja no sentido de impactar positivamente a vida de outras pessoas, pratique a gratidão, a honestidade, respeite o próximo, seja solidário, trabalhe sem reclamar, não participe de fofoca. (anônimo).

973

Caridade é um ato de amor. Não precisa ter dinheiro para praticar a caridade. Sempre que possível, faça a sua parte. (anônimo).

974

"Nesse exato momento, a maior fonte de riqueza está entre os seus ouvidos." (Brian Tracy).

975

Se você mudar, tudo mudará para você. (anônimo).

976

Você não pode mudar o que está lá fora. Você tem que mudar o que está dentro para enxergar a mudança lá fora. (anônimo).

977

"A riqueza é o resultado dos seus hábitos diários." (John Jacob Astor).

978

"Se você sempre faz o que você sempre fez, você sempre terá o que você sempre teve." (Mark Twain).

979

Até o mais pobre dos pobres pode melhorar de vida se apostar na educação. (anônimo).

980

"Educação e emprego são os remédios para a pobreza" (Carlos Slim).

981

"Nunca desista do trabalho. O trabalho lhe dá significado e propósito, e a vida é vazia sem ele." (Stephen Hawking).

982

Se a pessoa mudar o modo de pensar e agir, ela vai enxergar o mundo de outra forma e o mundo vai mudar pra ela. Isso leva tempo, não é de um dia para outro. (anônimo).

983

A pessoa que ama realmente, aceita o outro como ele é, sem julgar. (anônimo).

984

"Ama sempre, mas não te permitas relacionamentos conflituosos sob a justificativa de que tens a missão de salvar o outro, porque ninguém é capaz de tornar feliz aquele que a si mesmo se recusa a alegria de ser pleno." (Divaldo Pereira Franco).

985

"Pessoas que meditam parecem ser mais felizes do que as que não meditam." (Mark William e Danny Penman).

986

"A meditação nos auxilia a reencontrar o equilíbrio físico, mental e emocional, libertando-nos das pressões do dia a dia." (Mark William e Danny Penman).

987

"O Ser Humano é parte de um todo chamado por nós de universo, uma parte limitada no tempo e no espaço. Ele experiencia a si mesmo, seus pensamentos e sentimentos, como alguma coisa separada do resto, uma espécie de ilusão de ótica de sua consciência. Essa ilusão é uma forma de prisão para nós, restringindo-nos a nossos desejos pessoais e à afeição por umas poucas pessoas próximas. Nossa tarefa deve ser a de nos libertar dessa prisão alargando nossos círculos de compaixão para envolver todas as criaturas vivas e o todo da natureza em sua beleza." (Albert Einstein).

988

A razão desconhece as ações do amor incondicional. (anônimo).

989

"A virtude de alguém deve ser medida não por seus esforços extraordinários, mas por sua conduta cotidiana." (Blaise Pascal).

990

"O acaso não existe: tudo é ou provação, ou punição, ou recompensa, ou previdência." (Voltaire).

991

"A melhor forma de vivermos é inspirado pelo amor e guiados pelo conhecimento." (Bertrand Russel).

992

De nada vale ler um monte de frases inspiradoras se não refletir sobre elas e não agir. (anônimo).

993

"Nosso principal objetivo nesta vida é ajudarmos uns aos outros. Se não pode ajudar, pelo menos não machuque." (Dalai Lama).

994

Tem um ditado popular que diz: "Errar uma vez é humano, duas vezes, é burrice". Isso não é verdadeiro, pois se fosse verdadeiro a humanidade toda seria burra. Você não comete erro duas vezes, da segunda em diante não é erro, é escolha. Você escolhe errar. Nós escolhemos atitudes erradas todos os dias, como não fazer exercícios físicos, não zelar com a alimentação, não filtrar os pensamentos, não respeitar o próximo, não persistir, não corrigir o rumo de nossas vidas, não aceitar adversidades, não aprender com a derrota etc. (o autor).

995

"A consciência é o melhor livro de moral e o que menos se consulta." (Blaise Pascal).

996

"Os homens jamais fazem o mal tão completamente e com tanta alegria como quando o fazem a partir de uma convicção religiosa." (Blaise Pascal).

997

"Às vezes nos comovemos com uma tragédia do outro lado do globo e não temos olhos dentro de casa para ver a família chorando." (Divaldo Pereira Franco).

998

"A felicidade independe do dinheiro, do casamento ou emprego. A felicidade é o estado interior que nós logramos pela consciência tranquila, pelo caráter reto e pelo trabalho digno." (Divaldo Pereira Franco).

999

"Ninguém cruza nosso caminho por acaso e nós não entramos na vida de alguém sem nenhuma razão." (Chico Xavier).

1000

O homem é um receptor de pensamentos e ideias. (anônimo).

1001

"Autorrespeito, autoconhecimento e autocontrole conduzem a vida ao poder supremo." (Alfred Tennyson).

1002

"Muda tua ideia e mudará teu mundo." (Norman Vincent Peale).

1003

A mudança leva algum tempo, comece a mudar hoje para ver resultado daqui a alguns meses ou anos. Não é tão simples como pode parecer uma frase motivadora. Mas se você não mudar, seu mundo também não vai mudar. Tem gente que diz: "mas eu rezo, rezo e quanto mais rezo mais assombração me aparece". Você pode ter decidido que de hoje em diante será uma pessoa melhor. Ótimo! mas as faturas passadas continuarão a chegar por algum tempo. Como a vida entendeu que você vai se tornar uma pessoa melhor, ela se encarrega de agilizar a prestação de contas passadas para que você não fique devendo nada. (o autor).

1004

"É dando que se recebe" (atribuído a São Francisco de Assis). O que você dá, você recebe.

1005
O seu mundo é como você é. Você pode mudar o seu mundo, mas você tem que mudar os seus pensamentos e atitudes, e isso não acontece num estalar de dedos. Se você muda, o mundo ao seu redor muda. (anônimo).

1006
Educação sempre traz lucros, e a falta dela sempre traz prejuízos. (anônimo).

1007
Parte da educação se aprende na escola convencional, e parte se aprende na escola da vida. (anônimo).

1008
Todos nós, todos os dias, deveríamos gastar um tempo para nos conhecer melhor. (anônimo).

1009
Você está fazendo a sua parte? Ou você está só criticando o que os outros estão fazendo? (anônimo).

1010
Quando eu deixar de ser o que sou, o meu mundo também deixará de ser o que é. (anônimo).

1011
A pobreza alcança aquele que não tem ânimo e esperança. (anônimo).

1012
Pessoa sem objetivo de vida é menos feliz do que aquela que tem. (anônimo).

1013
"A felicidade não é algo pronto. Ela vem de suas próprias ações." (Dalai Lama).

1014
Pessoas que vivem na linha da miséria não almejam nada a não ser sobreviver mais um dia. (anônimo).

1015
Nunca é tarde demais para melhorar seus pensamentos e sentimentos. (anônimo).

1016
"Certifique-se de que suas palavras e seus atos estão em harmonia." (Claus Moller).

1017
"Um único pensamento pode revolucionar sua vida." (Norman Vincent Peale).

1018
"Só serão felizes aqueles que procurarem e encontrarem um meio de servir." (Albert Schweitzer).

1019
"Se a vida estiver muito amarga, mexa-se. Às vezes o açúcar tá no fundo." (anônimo)

1020
"Aprendi a buscar a felicidade limitando os meus desejos, em vez de satisfazê-los." (Stuart Mill).

1021
"A espécie de felicidade de que preciso não é tanto fazer o que quero, mas não fazer o que não quero." (Rousseau).

1022
"É um homem sensato aquele que não lamenta pelo que não tem, mas se alegra pelo que tem." (Epiteto).

1023
"Há apenas um caminho para a felicidade que é deixar de se preocupar com as coisas que estão além do alcance da sua vontade." (Epiteto).

1024
Para alguns, não viver aquilo que quer é esperar o dia de morrer. (anônimo).

1025
"A pessoa é feliz quando ela transforma sua mente para ser feliz." (Abraham Lincoln).

1026
"Viver é a coisa mais rara do mundo. A maioria das pessoas apenas existe." (Oscar Wilde).

1027
"Ensinamos as crianças a recordar, mas não as ensinamos a crescer." (Oscar Wilde).

1028
"A solidão, para mim, é o contrário da solidariedade." (Gabriel Garcia Márquez).

1029
"Preto ou branco; rico ou pobre, têm a mesma sombra." (Barão de Itararé).

1030
"De nada serve ao homem lamentar-se dos tempos em que vive, mas é preciso melhorá-lo sempre." (Thomas Carlyle).

1031
"O esquecimento é mais sublime que o perdão." (Thomas Carlyle).

1032
As coisas aparecem quando paramos de procurar; talvez seja porque leva um tempo para o Universo processar o pedido. (anônimo).

1033
"É maravilhosa a força da alegria. A sua resistência excede tudo que se pode imaginar." (Thomas Carlyle).

1034
"A moral, propriamente dita, não é a doutrina que nos ensina como sermos felizes, mas como devemos nos tornar dignos da felicidade." (Immanuel Kant).

1035
"Quanto mais amor temos, tanto mais fácil fazemos a nossa passagem pelo mundo." (Immanuel Kant).

1036
"Buscai primeiro o reino de Deus, e a sua justiça, e todas estas coisas vos serão acrescentadas." (Jesus, segundo Mateus 6:33).

1037
"Nem só de pão viverá o homem, mas de toda palavra de Deus!" (Jesus, segundo Mateus 4:4).

1038
"E odiados de todos sereis por causa do meu nome; mas aquele que perseverar até ao fim será salvo." (Jesus, segundo Mateus 10:22).

1039
"Bem-aventurados os misericordiosos, porque eles alcançarão misericórdia." (Jesus, segundo Mateus 5:7).

1040
"Na verdade, na verdade vos digo que vós chorareis e vós lamentareis, e o mundo se alegrará, e vós estareis tristes, mas a vossa tristeza se converterá em alegria." (Jesus, segundo João 16:20).

1041
"Ame o seu próximo como a si mesmo." (Jesus, segundo Mateus 22:37-39).

1042
"Se me amais, guardareis os meus mandamentos." (Jesus, segundo João 14:15).

1043
"Eu sou o caminho, a verdade e a vida; ninguém vem ao Pai, senão por mim." (Jesus, segundo João 14).

1044
"Venham a mim, todos os que estão cansados e sobrecarregados, e eu lhes darei descanso." (Jesus, segundo Mateus 11:28-30).

1045
"Eu sou a ressurreição e a vida. Quem crê em mim, ainda que morra, viverá; e quem vive e crê em mim nunca morrerá." (Jesus, segundo João 11:21-26).

1046

"Ninguém pode servir a dois senhores. Ele amará um e odiará o outro. Você não consegue servir a Deus e ao dinheiro ao mesmo tempo." (Jesus, segundo Mateus 6:24).

1047

"Eu sou a luz do mundo." (Jesus, segundo João 8:12).

1048

"O que eu faço não o sabes tu agora, mas tu o saberás depois." (Jesus, segundo João 13).

1049

"Nem todo o que me diz: Senhor, Senhor! entrará no reino dos céus, mas aquele que faz a vontade de meu Pai, que está nos céus." (Jesus, segundo Mateus 7:21).

1050

"Na verdade, na verdade vos digo que aquele que crê em mim também fará as obras que eu faço, e as fará maiores do que estas, porque eu vou para meu Pai." (Jesus, segundo João 14:12).

1051

"Conheça a verdade e ela te libertará." (Jesus, segundo João 8:32).

1052

"Porque onde estiver o vosso tesouro, aí estará também o vosso coração." (Jesus, segundo Mateus 6).

1053

"Venha o teu reino, seja feita a tua vontade, assim na terra como no céu." (Jesus, segundo Mateus 6:10).

1054

"Pai, perdoa-lhes; porque não sabem o que fazem." (Jesus, segundo Lucas 23,34).

1055

"Tudo é possível àquele que crê." (Jesus, segundo Mateus 9:23).

1056

"Em verdade vos digo que qualquer que não receber o reino de Deus como criança, de maneira nenhuma entrará nele." (Jesus, segundo Marcos 10.15).

1057

"Felizes os que promovem a paz, porque serão chamados de filhos de Deus." (Jesus, segundo Mateus 5:9).

1058

"Pois, que adianta ao homem ganhar o mundo inteiro e perder a sua alma?" (Jesus, segundo Marcos 8:36).

1059

"Todo aquele que quiser tornar-se grande entre vós, se faça vosso servo." (Jesus, segundo Mateus 20, 16).

1060

O Natal é um tempo de reflexão sobre o amor, a solidariedade, a gratidão, o perdão, a honestidade e o juízo, mas acontece só uma vez por ano. Faça todos os dias ser Natal. (anônimo).

Breve apresentação dos citados

Abraham Lincoln

(Hodgenville, 12 de fevereiro de 1809 — Washington, D.C., 15 de abril de 1865) foi um político norte-americano que serviu como o 16° presidente dos Estados Unidos, posto que ocupou de 4 de março de 1861 até seu assassinato em 15 de abril de 1865. Lincoln liderou o país de forma bem-sucedida durante sua maior crise interna, a Guerra Civil Americana, preservando a integridade territorial do país, abolindo a escravidão e fortalecendo o governo nacional (ver mais em: https://pt.wikipedia.org/wiki/Abraham_Lincoln).

Albert Einstein

(Ulm, 14 de março de 1879 — Princeton, 18 de abril de 1955) foi um físico teórico alemão que desenvolveu a teoria da relatividade geral, um dos pilares da física moderna ao lado da mecânica quântica. Embora mais conhecido por sua fórmula de equivalência massa-energia, $E=mc^2$ — que foi chamada de «a equação mais famosa do mundo» –, foi laureado com o Prêmio Nobel de Física de 1921 «por suas contribuições à física teórica» e, especialmente, por sua descoberta da lei do efeito fotoelétrico, que foi fundamental para o estabelecimento da teoria quântica (ver mais em: https://pt.wikipedia.org/wiki/Albert_Einstein).

Albert Schweitzer

(Kaysersberg, 14 de janeiro de 1875 — Lambaréné, 4 de setembro de 1965) foi um teólogo, organista, filósofo e médico alemão, nascido na Alsácia, então parte do Império Alemão (atualmente, uma região administrativa francesa) (ver mais em: https://pt.wikipedia.org/wiki/Albert_Schweitzer).

Alfred Tennyson (1º Barão de Tennyson)

(Somersby, 6 de agosto de 1809 — 6 de outubro de 1892), foi um poeta inglês. Estudou no Trinity College, em Cambridge. Viveu longos anos com sua esposa na ilha de Wight por seu amor à vida sossegada do campo (ver mais em: https://pt.wikipedia.org/wiki/Alfred_Tennyson).

Aline Barros

(Rio de Janeiro, 7 de outubro de 1976) nome artístico de **Aline Kistenmacker Barros dos Santos**, é pastora evangélica e cantora de música cristã contemporânea, empresária brasileira. Tendo mais de 20 anos de carreira, Aline já vendeu mais de 7 milhões de discos, sendo certificada pela ABPD com vários discos de ouro e platina (ver mais em: https://pt.wikipedia.org/wiki/Aline_Barros).

Alvin Toffler

(Nova Iorque, 4 de outubro de 1928 — Los Angeles, 27 de junho de 2016) foi um escritor e futurista norte-americano, com doutorado em Letras, Leis e Ciência, conhecido pelos seus escritos sobre a revolução digital, a revolução das comunicações e a singularidade tecnológica (ver mais em: https://pt.wikipedia.org/wiki/Alvin_Toffler).

Amancio Ortega Gaona

(Busdongo de Arbas, 28 de março de 1936) é um empresário espanhol, presidente e fundador da Inditex, grupo de empresas proprietária de marcas como Zara, Massimo Dutti, Oysho etc. (ver mais em: https://pt.wikipedia.org/wiki/Amancio_Ortega).

Andrew Carnegie

(Dunfermline, Escócia, 25 de novembro de 1835 — Lenox, Massachusetts, 11 de agosto de 1919) foi um empresário e filantropo estadunidense nascido na Escócia. Fundador da Universidade Carnegie Mellon (ver mais em: https://pt.wikipedia.org/wiki/Andrew_Carnegie).

Angelina Jolie (Angelina Jolie Voight)

(Los Angeles, 4 de junho de 1975) é uma atriz, cineasta e ativista humanitária americana. Estreou no cinema ao lado de seu pai, Jon Voight, em *Lookin' to Get Out* (1982) (ver mais em: https://pt.wikipedia.org/wiki/Angelina_Jolie).

Anna Freud

(Viena, Áustria, 3 de dezembro de 1895 — Londres, 9 de outubro de 1982) foi uma psicanalista, filha de Sigmund Freud. Foi a sexta e última filha do casal Sigmund e Martha Freud. Analisada pelo próprio pai, Anna focou seu estudo principalmente no tratamento de crianças (ver mais em: https://pt.wikipedia.org/wiki/Anna_Freud).

Aristóteles

(Estagira, 384 a.C. — Atenas, 322 a.C.) foi um filósofo grego durante o período clássico na Grécia Antiga, fundador da escola peripatética e do Liceu, além de ter sido aluno de Platão e professor de Alexandre, o Grande (ver mais em: https://pt.wikipedia.org/wiki/Aristóteles).

Aristóteles Onassis

(Esmirna, 15 de janeiro de 1906 — Neuilly-sur-Seine, 15 de março de 1975) foi um empreendedor e magnata grego. Onassis adquiriu sua fortuna como empresário de marinha mercante, tornando-se um dos empresários mais ricos e famosos do mundo (ver mais em: https://pt.wikipedia.org/wiki/Aristóteles_Onassis).

Arthur Robert Ashe, Jr.

(Richmond, 10 de julho de 1943 — Nova York, 6 de fevereiro de 1993) foi um tenista norte-americano. Também é lembrado por seus esforços em causas sociais que apoiava. (ver mais em: https://pt.wikipedia.org/wiki/Arthur_Ashe)

Augusto Branco

(Porto Velho, 23 de maio de 1980), nome artístico de **Nazareno Vieira de Souza** é um poeta e escritor brasileiro (ver mais em: https://pt.wikipedia.org/wiki/Augusto_Branco).

Augusto Jorge Cury

(Colina, 2 de outubro de 1958) é um psiquiatra, professor e escritor brasileiro. Augusto é autor da Teoria da Inteligência Multifocal e seus livros foram publicados em mais de 70 países, com mais de 25 milhões de livros vendidos somente no Brasil (ver mais em: https://pt.wikipedia.org/wiki/Augusto_Cury:).

Axel Gustafsson Oxenstierna

(Fano, 16 de Junho de 1583 — Estocolmo, 28 de Agosto de 1654) foi um nobre e estadista sueco, conde de Södermöre, membro do Conselho Real desde 1609 e chanceler real (de 1612 até a sua morte em 1654) (ver mais em: https://pt.wikipedia.org/wiki/Axel_Oxenstierna).

Ayn Rand

(São Petersburgo, 2 de fevereiro de 1905 — Nova Iorque, 6 de março de 1982) foi uma escritora, dramaturga, roteirista e filósofa norte-americana de origem judaico-russa, mais conhecida por desenvolver um sistema filosófico chamado de Objetivismo e por seus romances (ver mais em: https://pt.wikipedia.org/wiki/Ayn_Rand).

Ayrton Senna da Silva

(São Paulo, 21 de março de 1960 — Bolonha, 1 de maio de 1994) foi um piloto brasileiro de Fórmula 1, campeão da categoria três vezes, em 1988, 1990 e 1991 (ver mais em: https://pt.wikipedia.org/wiki/Ayrton_Senna).

Barão de Itararé

(**Apparício Fernando de Brinkerhoff Torelly**, também conhecido por **Apporelly** e pelo falso título de nobreza de **Barão de Itararé**)

(Rio Grande, 29 de janeiro de 1895 — Rio de Janeiro, 27 de novembro de 1971), foi um jornalista, escritor e pioneiro no humorismo político brasileiro (ver mais em: https://pt.wikipedia.org/wiki/Barão_de_Itararé).

Ben Stein (Benjamin Jeremy "Ben" Stein)

(Washington, D.C., 25 de novembro de 1944) é escritor, ator, jurista e comentarista político e econômico estadunidense. Fez sucesso como autor dos discursos dos presidentes Richard Nixon e Gerald Ford. Mais tarde ingressou no campo artístico e tornou-se ator e comediante, sendo premiado com um Emmy por conta de um show que apresentou (ver mais em: https://pt.wikipedia.org/wiki/Ben_Stein).

Benjamin Disraeli

(Londres, 21 de dezembro de 1804 — Londres 19 de abril de 1881) foi um político Conservador britânico, escritor, aristocrata e primeiro-ministro do Reino Unido em duas ocasiões. Ele teve papel central na criação do Partido Conservador moderno, definindo suas políticas e ampla divulgação. Disraeli é mais lembrado por sua influência em assuntos internacionais, suas batalhas políticas com William Ewart Gladstone, líder do Partido Liberal, e seu conservadorismo (ver mais em: https://pt.wikipedia.org/wiki/Benjamin_Disraeli).

Benjamin Franklin

(Boston, 17 de janeiro de 1706 — Filadélfia, 17 de abril de 1790) foi um polímata estadunidense. Foi um dos líderes da Revolução Americana, conhecido por suas citações e experiências com a eletricidade. Foi ainda o primeiro embaixador dos Estados Unidos na França. (ver mais em: https://pt.wikipedia.org/wiki/Benjamin_Franklin)

Bertrand Arthur William Russell

(País de Gales, 18 de maio de 1872 — País de Gales, 2 de fevereiro de 1970) foi um dos mais influentes matemáticos, filósofos e lógicos que viveram no século XX. Em vários momentos na sua vida, ele se considerou um liberal, um socialista e um pacifista. Mas também admitiu que nunca foi nenhuma dessas coisas em um sentido profundo. Sendo um popularizador da filosofia, Russell foi respeitado por inúmeras pessoas como uma espécie de profeta da vida racional e da criatividade. A sua postura em vários temas foi controversa. Russell nasceu em 1872, no auge do poderio econômico e político do Reino Unido, e morreu em 1970, vítima de uma gripe, quando o império se tinha desmoronado e o seu poder drenado em duas guerras vitoriosas, mas debilitantes. Até a sua morte, sua voz deteve sempre autoridade moral, uma vez que ele foi um crítico influente das armas nucleares e da guerra estadunidense no Vietnã. Era inquieto. Recebeu o Nobel de Literatura de 1950, "em reconhecimento dos seus variados e significativos escritos, nos quais ele lutou por ideais humanitários e pela liberdade do pensamento" (ver mais em: https://pt.wikipedia.org/wiki/Bertrand_Russell).

Bill Cosby (William Henry Cosby, Jr.)

(Filadélfia, 12 de julho de 1937), mais conhecido como **Bill Cosby**, é ex-ator e comediante estadunidense, condenado por crimes sexuais em 2018 (ver mais em: https://pt.wikipedia.org/wiki/Bill_Cosby).

Bill Gates (William Henry Gates III)

(Seattle, 28 de outubro de 1955) mais conhecido como **Bill Gates**, é um magnata, empresário, diretor executivo, investidor, filantropo e autor americano, que ficou conhecido por fundar junto com Paul Allen a Microsoft, a maior e mais conhecida empresa de software do mundo em termos de valor de mercado (ver mais em: https://pt.wikipedia.org/wiki/Bill_Gates).

Bob Harbage

Executivo de nível sênior experiente, com vasta experiência na execução de planejamento estratégico, retornos, expansão do crescimento da receita, melhoria da eficiência operacional e atualização da equipe para enfrentar novos desafios (ver mais em: https://www.linkedin.com/in/robert-harbage-4a00637?trk=public_profile_like_actor-name).

Brian Tracy

é um orador público motivacional canadense-americano e autor de autodesenvolvimento. Ele é autor de mais de setenta livros que foram traduzidos para dezenas de idiomas. Seus livros populares são: *Ganhe o que você realmente vale* (2012), *Coma esse sapo!* (2001) e *A psicologia da conquista* (1984) (ver mais em: https://www.google.com/search?client=firefox-b-d&q=brian+tracy+livros).

Buda

Foi um príncipe (Sidarta Gautama) de uma região no Sul do atual Nepal que, tendo renunciado ao trono, dedicou-se à busca da erradicação das causas do sofrimento humano e de todos os seres, e dessa forma encontrou um caminho até o "despertar" ou "iluminação", se tornando mestre ou professor espiritual, fundando o budismo (ver mais em: https://pt.wikipedia.org/wiki/Sidarta_Gautama).

Carl August Sandburg

(6 de Janeiro de 1878 — 22 de Julho de 1967), foi poeta, historiador, novelista e folclorista estadunindense. Nasceu em Galesburg, Illinois, de uma família de suecos e morreu em Flat Rock, Carolina do Norte. Tornou-se conhecido por suas poesias e sua biografia de Abraham Lincoln, pelas quais recebeu o Prêmio Pulitzer. Um molde do rosto de Carl Sandburg, juntamente ao do cientista Albert Einstein, foi usado para formar o rosto do E.T do filme E.T. O Extraterrestre de Steven Spielberg. Ele foi um homem sábio, com poesias profundas e marginalistas (ver mais em: https://pt.wikipedia.org/wiki/Carl_Sandburg).

Carl Sewell

autor dos livros *Clientes para Sempre* (1993) e *Customers For Life* (1990).

Carlos Drummond de Andrade

(Itabira, 31 de outubro de 1902 — Rio de Janeiro, 17 de agosto de 1987) foi um poeta, contista e cronista brasileiro, considerado por muitos o mais influente poeta brasileiro do século XX. Drummond foi um dos principais poetas da segunda geração do Modernismo brasileiro (ver mais em: https://pt.wikipedia.org/wiki/Carlos_Drummond_de_Andrade).

Carlos Slim Helú

(Cidade do México, 28 de janeiro de 1940) é um empresário mexicano. É conhecido em seu país por Midas, devido à sua habilidade em transformar empreendimentos decadentes em companhias saudáveis e lucrativas. Considerado o rei Midas das telecomunicações, é o décimo segundo homem mais rico do mundo com um patrimônio em 2020 de US$52,1 bilhões. Deixou o controle das suas empresas para seus filhos, genros e sobrinhos, segundo fala, para que aprendam eles mesmos a gerenciar seus negócios e a trabalhar (ver mais em: https://pt.wikipedia.org/wiki/Carlos_Slim).

Chico Xavier

(Francisco Cândido Xavier, mais conhecido como Chico Xavier)
(Pedro Leopoldo, 2 de abril de 1910 — Uberaba, 30 de junho de 2002), foi médium, filantropo e um dos mais importantes expoentes do Espiritismo.

Seu nome de batismo, *Francisco de Paula Cândido*, em homenagem ao santo do dia de seu nascimento, foi substituído pelo nome paterno de *Francisco Cândido Xavier* logo que publicou os primeiros livros (ver mais em: https://pt.wikipedia.org/wiki/Chico_Xavier).

Cícero (Marco Túlio Cícero)

(106–43 a.C.) foi um advogado, político, escritor, orador e filósofo da *gens* Túlia da República Romana. Cícero nasceu numa rica família municipal de Roma e foi um dos maiores oradores e escritores em prosa da Roma Antiga (ver mais em: https://pt.wikipedia.org/wiki/Cícero).

Clarice Lispector (Chaya Pinkhasovna Lispector)

(Chechelnyk, 10 de dezembro de 1920 — Rio de Janeiro, 9 de dezembro de 1977), foi escritora e jornalista ucraniana naturalizada brasileira. Autora de romances, contos e ensaios, é considerada uma das escritoras brasileiras mais importantes do século XX e a maior escritora judia desde Franz Kafka. Sua obra está repleta de cenas cotidianas simples e tramas psicológicas, reputando-se como uma de suas principais características a epifania de personagens comuns em momentos do cotidiano (ver mais em: https://pt.wikipedia.org/wiki/Clarice_Lispector).

Claus Moller

(Dinamarca, 12 de julho de 1942) é autor do livro *Employeeship: Mobilising Everyone's Energy to Win* (1992) (ver mais em: https://www.google.com/search?client=firefox-b-d&q=claus+moller).

Colin Luther Powell

(Bronx, Nova Iorque, 5 de abril de 1937) é um militar da reserva estadunidense e foi o 65º Secretário de Estado dos Estados Unidos durante o governo do presidente George W. Bush, entre 20 de janeiro de 2001 até 26 de janeiro de 2005 (ver mais em: https://pt.wikipedia.org/wiki/Colin_Powell).

Condorcet

(Marie Jean Antoine Nicolas de Caritat, Marquês de Condorcet)

(Ribemont, Aisne, 17 de Setembro de 1743 — Bourg-la-Reine, 28 de Março de 1794), normalmente referido como **Nicolas de Condorcet**, foi um filósofo e matemático francês (ver mais em: https://pt.wikipedia.org/wiki/Marquês_de_Condorcet).

Confúcio

(551 a.C.– 479 a.C.), pensador e filósofo chinês do Período das Primaveras e Outonos (https://pt.wikipedia.org/wiki/Confucio).

Cora Coralina

(pseudônimo de **Anna Lins dos Guimarães Peixoto Bretas**) (Cidade de Goiás, 20 de agosto de 1889 — Goiânia, 10 de abril de 1985), foi poetisa e contista brasileira. Considerada uma das mais importantes escritoras brasileiras, ela teve seu primeiro livro publicado em junho de 1965 (*Poemas dos Becos de Goiás e Estórias Mais*), quando já tinha quase 76 anos de idade, apesar de escrever seus versos desde a adolescência. Mulher simples, doceira de profissão, tendo vivido longe dos grandes centros urbanos, alheia a modismos literários, produziu uma obra poética rica em motivos do cotidiano do interior brasileiro, em particular dos becos e ruas históricas de Goiás (ver mais em: https://pt.wikipedia.org/wiki/Cora_Coralina).

Dalai-lama

Chefe de Estado, líder espiritual do Tibete e título de uma linhagem de líderes religiosos da escola Gelug do budismo tibetano. Tratando-se de um monge e lama, é reconhecido por todas as escolas do budismo tibetano. Os dalai-lamas foram os líderes políticos do Tibete entre os séculos XVII e meados de XX, residindo em Lhasa. O atual dalai-lama, Sua Santidade Tenzin Gyatso (forma encurtada de **Jetsun Jamphel Ngawang Lobsang Yeshe Tenzin Gyatso**), é o líder oficial do governo tibetano no exílio ou Administração Central Tibetana. Em 2011, demonstrou interesse em renunciar à liderança do governo tibetano, porém seus ministros negaram sua demissão, alegando não ter alguém digno de lhe substituir (ver mais em: https://pt.wikipedia.org/wiki/Dalai-lama).

Danny Penman

Bioquímico, articulista e comentarista do *Daily Mail*, trabalhou para o jornal *The Independent* e para a BBC. Coautor do livro *Atenção Pena* (2015).

Dave Ramsey

(Nascimento: 3 de setembro de 1960, Antioch, Nashville, Tennessee, EUA) David Lawrence Ramsey III é um apresentador, autor e empresário de programa de rádio americano (https://en.wikipedia.org/wiki/Dave_Ramsey).

Dave Weinbaum

Escritor, radialista e comentarista (ver mais em: https://www.daveweinbaum.net/about).

David Freemantle

É fundador da Superboss, empresa de consultoria e treinamento na área de liderança que possui escritórios em Windsor, Inglaterra, e Makati City, nas Filipinas. Autor de 14 livros, dentre os quais *O que os clientes gostam em você*, é muito conhecido e respeitado em todo o mundo por seus seminários e workshops sobre liderança, gestão de pessoas e atendimento ao cliente (ver mais em: http://lidearinfluenciar.blogspot.com/2010/03/biografia-david-freemantle.html#ixzz6KqMBjqNi).

Debbi Fields

(18 de setembro de 1956, Oakland, Califórnia, EUA) é a fundadora e porta-voz da Sr.ª Fields Bakeries. Além disso, ela escreveu vários livros de receitas e faz biscoitos (ver mais em: https://www.google.com/search?client=firefox-b-d&q=Debbie+Fields).

Demócrito de Abdera

(460 a.C. — 370 a.C.) foi um filósofo pré-socrático da Grécia Antiga. Nasceu na cidade de Mileto ou Abdera, viajou pela Babilônia, Egito e Atenas, e se estabeleceu em Abdera no final do século V a.C. Do ponto de vista filosófico, a maior parte de suas obras tratou da ética e não apenas da *physis* (cujo estudo caracterizava os pré-socráticos). Demócrito foi discípulo e depois sucessor de Leucipo de Mileto. Sua fama decorre do fato de ele ter sido o maior expoente da teoria atômica ou do atomismo. De acordo com essa teoria, tudo o que existe é composto por elementos indivisíveis chamados átomos (do grego, "a", negação e "tomo", divisível. Átomo = indivisível). Não há certeza se a teoria foi concebida por ele ou por seu

mestre Leucipo, e a ligação estreita entre ambos dificulta a identificação do que foi pensado por um ou por outro. Todavia, parece não haver dúvidas de ter sido Demócrito quem de fato sistematizou o pensamento e a teoria atomista. Demócrito avançou também o conceito de um universo infinito, onde existem muitos outros mundos como o nosso (ver mais em: https://pt.wikipedia.org/wiki/Demócrito).

Denis E. Waitley

Escritor de livros de autoajuda, e homem de negócios estadunidense (ver mais em: https://pt.wikipedia.org/wiki/Denis_Waitley).**Divaldo Pereira Franco** (mais conhecido como **Divaldo Franco** ou simplesmente **Divaldo**) (Feira de Santana, 5 de maio de 1927) é um professor, médium, filantropo e orador espírita brasileiro. É tido como o maior divulgador da Doutrina Espírita na atualidade, com mais de cinquenta anos devotados à mediunidade e à caridade e mais de sessenta como um importante orador espírita. Dos seus noventa anos, setenta foram devotados à causa espírita e às crianças das periferias de Salvador, na Bahia. Para esse último fim, fundou, em 15 de agosto de 1952, junto a Nilson de Souza Pereira, a instituição de caridade Mansão do Caminho, que ajuda diariamente cerca de seis mil pessoas e abriga mais de três mil, centenas delas registradas como filhos do médium. Os direitos autorais de seus mais de 250 livros psicografados, que já venderam mais de oito milhões de exemplares, foram doados em cartório para Mansão do Caminho e outras instituições filantrópicas. Ainda que tenha uma alta produção e vendagem de livros psicografados, e realize um grande trabalho filantrópico, é como conferencista e missionário do Espiritismo no Brasil e no exterior que ele é mais conhecido. Representado como peregrino ou o "Paulo de Tarso do Espiritismo", Divaldo já percorreu mais de 50 países divulgando a doutrina em palestras de ampla publicidade (ver mais em: https://pt.wikipedia.org/wiki/Divaldo_Pereira_Franco).

Diógenes Laércio

(200 — 250), historiador e biógrafo dos antigos filósofos gregos. A sua maior obra é *Vidas e Doutrinas dos Filósofos Ilustre* (1997), composta por dez livros, que contêm relevantes fontes de informações sobre o desenvolvimento da filosofia grega. (https://pt.wikipedia.org/wiki/Diógenes_Laércio)

Earl Nightingale

(Nascimento: 12 de março de 1921, Los Angeles, Califórnia, EUA. Falecimento: 25 de março de 1989, Scottsdale, Arizona, EUA) era orador e autor de rádio americano, lidando principalmente com os temas de desenvolvimento do caráter humano, motivação e existência significativa (ver mais em: https://en.wikipedia.org/wiki/Earl_Nightingale).

Edward Eggleston

(Nascimento: 10 de dezembro de 1837, Vevay, Indiana, EUA. Falecimento: 3 de setembro de 1902, Lake George, Nova York, EUA) foi um historiador e romancista americano. Publicou o livro The Hoosier Schoolmaster (1871) (ver mais em: https://en.wikipedia.org/wiki/Edward_Eggleston).

Elbert Green Hubbard

(Bloomington, 19 de junho de 1856 — Oceano Atlântico, RMS Lusitania, 7 de maio de 1915) foi um filósofo e escritor norte-americano. Famoso por ser o autor do famoso ensaio "Mensagem para Garcia". Ele e sua segunda esposa, Alice Moore Hubbard, morreram a bordo do RMS Lusitania, que foi afundado por um submarino alemão na costa da Irlanda, em 7 maio 1915 (ver mais em: https://pt.wikipedia.org/wiki/Elbert_Hubbard).

Eleanor Roosevelt (Anna Eleanor Roosevelt)

(Nova Iorque, 11 de outubro de 1884 — Nova Iorque, 7 de novembro de 1962) foi primeira-dama dos Estados Unidos de 1933 a 1945. Apoiou a política do *New Deal*, criada por seu marido e primo de quinto grau, o presidente Franklin Delano Roosevelt, e tornou-se grande defensora dos direitos humanos. Após a morte do marido, em 1945, Roosevelt continuou a ser uma defensora, porta-voz, ativista internacional para a coalizão do *New Deal*. Trabalhou para melhorar a situação das mulheres trabalhadoras, embora tenha sido contra a política dos direitos iguais, pois acreditava que ela afetaria negativamente as mulheres (ver mais em: https://pt.wikipedia.org/wikiEleanor_Roosevelt).

Earl Wilson (Harvey Earl Wilson)

foi jornalista, colunista social do show business novaiorquino e escritor estadunidense. Por quatro décadas sua coluna "It Happened Last Night" foi distribuída nacionalmente pelo Syndicate (ver mais em: https://en.wikipedia.org/wiki/Earl_Wilson).

Eckhart Tolle

(pseudônimo de **Ulrich Leonard Tolle**)

(Lünen, 16 de fevereiro de 1948), é escritor e conferencista alemão, residente em Vancouver no Canadá, conhecido como autor de best sellers sobre iluminação espiritual. Seu livro mais conhecido é *O Poder do Agora* (2002). Depois de se formar pela Universidade de Londres, tornou-se pesquisador e supervisor da Universidade de Cambridge. Tolle conta que, aos 29 anos, depois de vários episódios depressivos, passou por uma profunda transformação espiritual, dissolveu sua antiga identidade e mudou o curso de sua vida de forma radical. Os anos seguintes foram dedicados ao entendimento, integração e aprofundamento desta transformação, que marcou o início de uma intensa jornada interior. Em seu livro *O Poder do Agora*, relata as respostas obtidas através dessa busca, explicando que, quando nos alinhamos ao momento presente, uma nova percepção da realidade surge, muito mais pura, profunda, poderosa (ver mais em: https://pt.wikipedia.org/wiki/Eckhart_Tolle).

Edmund Burke

(Dublin, 12 de janeiro de 1729 — Beaconsfield, 9 de julho de 1797) foi filósofo, teórico político e orador irlandês, membro do parlamento londrino pelo Partido Whig (ver mais em: https://pt.wikipedia.org/wiki/Edmund_Burke).

Enzo Anselmo Giuseppe Maria Ferrari

(Módena, Itália, 18 de fevereiro de 1898 — Maranello, 14 de agosto de 1988) foi o fundador da Scuderia Ferrari e da fábrica de automóveis Ferrari (ver mais em: https://pt.wikipedia.org/wiki/Enzo_Ferrari).

Epicuro de Samos

(341 a.C., Samos — 271 ou 270 a.C., Atenas) foi um filósofo grego do período helenístico. Seu pensamento foi muito difundido em numerosos centros epicuristas que se desenvolveram na Jônia, no Egito e, a partir do século I, em Roma, onde Lucrécio foi seu maior divulgador (ver mais em: https://pt.wikipedia.org/wiki/Epicuro).

Epiteto ou Epicteto

(Hierápolis, 55 — Nicópolis, 135) foi um filósofo grego estoico que viveu a maior parte de sua vida em Roma, como escravo a serviço de Epafrodito, o cruel secretário de Nero que, segundo a tradição, uma vez lhe quebrou uma perna. Apesar de sua condição, conseguiu assistir as preleções do famoso estoico Caio Musônio Rufo. De sua obra se conservam o Manual de Epicteto e as Diatribes (ou Discursos), ambos editados por seu discípulo Lúcio Flávio Arriano de Nicomédia. Como viver uma vida plena, uma vida feliz? Como ser uma pessoa com boas qualidades morais? Responder a essas duas perguntas fundamentais foi a única paixão de Epiteto. Embora suas obras sejam menos conhecidas hoje, em função do declínio do ensino da cultura clássica, tiveram enorme influência sobre as ideias dos principais pensadores da arte de viver durante quase dois mil anos. Para Epiteto, uma vida feliz e uma vida virtuosa são sinônimos. Felicidade e realização pessoal são consequências naturais de atitudes corretas (ver mais em: https://pt.wikipedia.org/wiki/Epiteto).

Esopo

(Nessebar, 620 a.C. — Delfos, 564 a.C.) foi um escritor da Grécia Antiga a quem são atribuídas várias fábulas populares. A ele se atribui a paternidade das fábulas como gênero literário. Malgrado sua existência permaneça em dada medida incerta e pouco se saiba quanto à origem de várias de suas obras, seus contos se disseminaram em muitas línguas pela tradição oral. Em muitos de seus escritos, os animais falam e têm características humanas. As fábulas de Esopo serviram como inspiração para outros escritores ao longo dos séculos, como Fedro e La Fontaine (ver mais em: https://pt.wikipedia.org/wiki/Esopo).

Fernando António Nogueira Pessoa

(Lisboa, 13 de junho de 1888 — Lisboa, 30 de novembro de 1935) foi poeta, filósofo, dramaturgo, ensaísta, tradutor, publicitário, astrólogo, inventor, empresário, correspondente comercial, crítico literário e comentarista político português. Por ter sido educado na África do Sul, numa escola católica irlandesa, chegou a ter maior familiaridade com o idioma inglês do que com o português ao escrever os seus primeiros poemas nesse idioma. O crítico literário Harold Bloom considerou Pessoa como "Whitman renascido" e o incluiu no seu cânone entre os 26 melhores escritores da civilização ocidental, não apenas da literatura portuguesa mas também da inglesa (ver mais em: https://pt.wikipedia.org/wiki/Fernando_Pessoa).

Frank Tibolt

autor do livro *A Touch of Greatness* (1999) (*Um Toque de Grandeza*).

Friedrich Wilhelm Nietzsche

(Röcken, Reino da Prússia, 15 de outubro de 1844 — Weimar, Império Alemão, 25 de agosto de 1900) foi filósofo, filólogo, crítico cultural, poeta e compositor prussiano do século XIX, nascido na atual Alemanha. Escreveu vários textos criticando a religião, a moral, a cultura contemporânea, filosofia e ciência, exibindo uma predileção por metáfora, ironia e aforismo (ver mais em: https://pt.wikipedia.org/wiki/Friedrich_Nietzsche),

Gabriel José García Márquez

escritor, jornalista, editor, ativista e político colombiano. Considerado um dos autores mais importantes do século XX, foi um dos escritores mais admirados e traduzidos no mundo, com mais de 40 milhões de livros vendidos em 36 idiomas (ver mais em: https://pt.wikipedia.org/wiki/Gabriel_García_Márquez)

Gary Vaynerchuk

(nome de nascença Gennady Vaynerchuk)

(14 de novembro de 1975) é um empreendedor americano, quatro vezes escolhido melhor autor de best-sellers reconhecidos pelo New York Times, palestrante e personalidade na internet internacionalmente

reconhecido. Inicialmente conhecido como um famoso crítico de vinhos que fez com que a vinícola de sua família aumentasse seus lucros de $3 milhões para $60 milhões, Vaynerchuk é mais conhecido como um pioneiro do marketing digital e de redes sociais nas empresas nova-iorquinas VaynerMedia e VaynerX (ver mais em: https://pt.wikipedia.org/wiki/Gary_Vaynerchuk).

George Orwell (Eric Arthur Blair)

(Motihari, Índia Britânica, 25 de junho de 1903 — Camden, Londres, Reino Unido, 21 de janeiro de 1950), mais conhecido pelo pseudônimo **George Orwell**, foi escritor, jornalista e ensaísta político inglês, nascido na Índia Britânica. Sua obra é marcada por uma inteligência perspicaz e bem-humorada, uma consciência profunda das injustiças sociais, uma intensa oposição ao totalitarismo e uma paixão pela clareza da escrita. Apontado como simpatizante da proposta anarquista, o escritor faz uma defesa da autogestão ou autonomismo. Sua hostilidade ao Stalinismo e pela experiência do socialismo soviético, um regime que Orwell denunciou em seu romance satírico *A Revolução dos Bichos* (1945), se revelou uma característica constante em sua obra (ver mais em: https://pt.wikipedia.org/wiki/George_Orwell).

George Smith Patton Jr.

(São Gabriel, 11 de novembro de 1885 — Heidelberg, 21 de dezembro de 1945) foi um oficial militar do Exército dos Estados Unidos que liderou forças norte-americanas no Mediterrâneo e Europa durante a Segunda Guerra Mundial, sendo mais conhecido por suas campanhas na Frente Ocidental após a invasão da Normandia em 1944 (ver mais em: https://pt.wikipedia.org/wiki/George_S._Patton).

George Washington Adair

promotor imobiliário no pós-Guerra Civil de Atlanta (ver mais em: https://en.wikipedia.org/wiki/George_Adair).

Gordon Spainhower

ciclista de Columbia, Missouri, USA.

Grant Cardone

é fundador e CEO da **Cardone** Capital, fundo de investimento criado por ele e que administra mais de US$ 1 bilhão em ativos. Além da empresa, **Grant Cardone** é conhecido mundialmente por suas palestras e cursos, nos quais tem como foco principal promover ideias voltados ao empreendedorismo, vendas e motivação (ver mais em: https://www.google.com/search?client=firefox-b-d&q=Grant+Cardone%2C+biografia).

Harold Kushner

(Nascimento: 3 de abril de 1935, Brooklyn, Nova Iorque, Nova York, EUA) rabino norte-americano, alinhado com a ala progressiva do Judaísmo Conservador, também conhecido como Masorti. Autor do livro *Quando coisas ruins acontecem às pessoas boas* (1981) (https://pt.wikipedia.org/wiki/Harold_Kushner).

Helen Adams Keller

(Tuscumbia, 27 de junho de 1880 — Westport, 1 de junho de 1968) foi uma escritora, conferencista e ativista social norte-americana. Foi a primeira pessoa surdocega da história a conquistar um bacharelado (ver mais em: https://pt.wikipedia.org/wiki/Helen_Keller).

Henry Ford

(Greenfield Township, atual Condado de Wayne, 30 de julho de 1863 — Dearborn, 7 de abril de 1947) foi um empreendedor e engenheiro mecânico estadunidense, fundador da Ford Motor Company, autor dos livros *Minha filosofia de indústria* e *Minha vida e minha obra* (1925), e o primeiro empresário a aplicar a montagem em série de forma a produzir em massa automóveis em menos tempo e a um menor custo (ver mais em: https://pt.wikipedia.org/wiki/Henry_Ford).

Henry Valentine Miller

(Manhattan, New York, 26 de dezembro de 1891 Los Angeles, 7 de junho de 1980) foi um escritor norte-americano. Seu estilo é caracterizado pela mistura de autobiografia com ficção. Muitas vezes lembrado como escritor pornográfico, escreveu também livros de viagem e ensaios sobre literatura e arte. O autor foi homenageado pelo célebre crítico Otto Maria Carpeaux em prefácio para o livro *O Mundo do Sexo*, editora Pallas, 1975, Rio de Janeiro (ver mais em: https://pt.wikipedia.org/wiki/Henry_Miller).

Hermann Karl Hesse

(Calw, 2 de julho de 1877 — Montagnola, 9 de agosto de 1962) foi um escritor e pintor alemão. Em 1923, ele se naturalizou suíço. Em 1946, recebeu o Prêmio Goethe. Logo depois, recebeu o Nobel de Literatura "por seus escritos inspirados que, enquanto crescem em audácia e penetração, exemplificam os ideais humanitários clássicos e as altas qualidades de estilo" (ver mais em: https://pt.wikipedia.org/wiki/Hermann_Hesse).

Içami Tiba

(Tapiraí, 15 de março de 1941 — São Paulo, 2 de agosto de 2015) foi médico psiquiatra, psicodramatista, colunista, escritor de livros sobre Educação familiar e escolar, e palestrante brasileiro. Professor em diversos cursos no Brasil e no exterior, criou a Teoria da Integração Relacional, que facilita o entendimento e a aplicação da psicologia por pais e educadores. Como palestrante, Tiba também realizou mais de 3.200 participações em eventos do gênero, tanto no Brasil como em outros países (ver mais em: https://pt.wikipedia.org/wiki/Içami_Tiba).

Immanuel Kant

(Königsberg, 22 de abril de 1724 — Königsberg, 12 de fevereiro de 1804) foi um filósofo prussiano. Amplamente considerado como o principal filósofo da era moderna, Kant operou, na epistemologia, uma síntese entre o racionalismo continental (de René Descartes, Baruch Espinoza e Gottfried Wilhelm Leibniz, onde impera a forma de raciocínio dedutivo), e a tradição empírica inglesa (de David Hume, John Locke, ou George Berkeley, que valoriza a indução). Realizou numerosos trabalhos sobre ciências naturais e exatas (ver mais em: https://pt.wikipedia.org/wiki/Immanuel_Kant).

Irma Jardim

escritora, poetisa.

Jack Welch (John Frances Welch Jr.)

(Salem, 19 de novembro de 1935 — 1 de março de 2020) foi um executivo americano. Autor de vários livros e consultor para um grupo selecionado de CEO dos 500 da Revista Fortune (ver mais em: https://pt.wikipedia.org/wiki/Jack_Welch).

Jean-Jacques Rousseau

(também conhecido como **J.J. Rousseau** ou simplesmente **Rousseau)**

(Genebra, 28 de junho de 1712 — Ermenonville, 2 de julho de 1778), foi um importante filósofo, teórico político, escritor e compositor autodidata genebrino. É considerado um dos principais filósofos do iluminismo e um precursor do romantismo. Sua filosofia política de fato influenciou o Iluminismo por toda a Europa, assim como também aspectos da Revolução Francesa e o desenvolvimento moderno da economia, da política e do pensamento educacional. Para ele, as instituições educativas tradicionais corrompem o homem e tiram-lhe a liberdade. Para a criação de um novo homem e de uma nova sociedade, seria preciso educar a criança de acordo com a Natureza, desenvolvendo progressivamente seus sentidos e a razão com vistas à liberdade e à capacidade de julgar (ver mais em: https://pt.wikipedia.org/wiki/Jean-Jacques_Rousseau).

Jean Rozwadowski

Secretáro Geral, Internacional da Câmara de Comércio (ICC) (ver mais em: https://iccwbo.org/media-wall/news-speeches/icc-appoints-seasoned-international-executive-as-new-secretary-general/).

Jesse Owens

(**James Cleveland Owens**, conhecido por **Jesse Owens)**

(Oakville, 12 de setembro de 1913 — Tucson, 31 de março de 1980), foi um atleta e líder civil norte-americano. Ele participou nos Jogos Olímpicos de Verão de 1936 em Berlim, Alemanha Nazista, em que ganhou quatro medalhas de ouro nos 100 e 200 metros rasos, no salto em distância e no revezamento 4x100m. Foi o primeiro atleta a vencer quatro ouros em uma Olimpíada. Em 2012, foi imortalizado no IAAF Hall of Fame, criado no mesmo ano como parte das celebrações pelo centenário da Associação

Internacional de Federações de Atletismo (IAAF) (ver mais em: https://pt.wikipedia.org/wiki/Jesse_Owens).

Jim Rohn

(Emanuel James "Jim" Rohn)

(Yakima, 17 de setembro de 1930 — West Hills, 5 de dezembro de 2009) foi empreendedor, autor e palestrante motivacional americano (ver mais em: https://pt.wikipedia.org/wiki/Jim_Rohn).

João Guimarães Rosa

(Cordisburgo, 27 de junho de 1908 — Rio de Janeiro, 19 de novembro de 1967) foi escritor, diplomata, novelista, romancista, contista e médico brasileiro, considerado por muitos o maior escritor brasileiro do século XX e um dos maiores de todos os tempos. Foi o segundo marido de Aracy de Carvalho, conhecida como "Anjo de Hamburgo" (ver mais em: https://pt.wikipedia.org/wiki/Guimarães_Rosa).

John Fitzgerald Kennedy

(Brookline, 29 de maio de 1917 — Dallas, 22 de novembro de 1963) foi um político americano que serviu como 35° presidente dos Estados Unidos (1961–1963) e é considerado uma das grandes personalidades do século XX. Ele era conhecido como John F. Kennedy ou Jack Kennedy por seus amigos e popularmente como **JFK** (ver mais em: https://pt.wikipedia.org/wiki/John_F._Kennedy).

John Quincy Adams

(Braintree, 11 de julho de 1767 — Washington, D.C., 23 de fevereiro de 1848) foi um advogado e político norte-americano. Foi o sexto presidente dos Estados Unidos, governando de 1825 a 1829 (ver mais em: https://pt.wikipedia.org/wiki/John_Quincy_Adams).

John Locke

(Wrington, 29 de agosto de 1632 — Harlow, 28 de outubro de 1704) foi um filósofo inglês conhecido como o "pai do liberalismo", sendo considerado o principal representante do empirismo britânico e um dos principais teóricos do contrato social. Locke ficou conhecido como o fundador do empirismo, além de defender a liberdade e a tolerância religiosa. Como filósofo, pregou a teoria da tábua rasa, segundo a qual a mente humana era como uma folha em branco, que se preenchia apenas com a experiência. Essa teoria é uma crítica à doutrina das ideias inatas de Platão, segundo a qual princípios e noções são inerentes ao conhecimento humano e existem independentemente da experiência. Locke escreveu o Ensaio acerca do Entendimento Humano, onde desenvolve sua teoria sobre a origem e a natureza do conhecimento (ver mais em: https://pt.wikipedia.org/wiki/John_Locke).

John Stuart Mill

(Londres, 20 de maio de 1806 — Avignon, 8 de maio de 1873) foi um filósofo e economista britânico. É considerado por muitos como o filósofo de língua inglesa mais influente do século XIX (ver mais em: https://pt.wikipedia.org/wiki/John_Stuart_Mill).

John Tschohl

chamado de "Guru do Atendimento ao Cliente" pelas revistas *USA Today*, *Time* e *Entrepreneur*, é um autor de best-sellers, estrategista de serviços reconhecido internacionalmente (ver mais em: https://grupobcc.com/en/speakers/johntschohl/).

Johann Jacob Astor

(Walldorf, perto de Heidelberg, 17 de julho de 1763 — New York, 29 de março de 1848) foi um negociante norte-americano. Alemão de nascimento, filho de Johann Jacob Astor (7 de julho de 1724 — 18 de abril de 1816) e mãe Maria Magdalena vom Berg, e seus irmãos eram John Henry Astor e George Astor. Iniciou sua fortuna quando chegou aos Estados Unidos em 1786. Enriqueceu rapidamente no comércio de tráfico de peles, fundando em 1811 a American Fur Company (Companhia Americana de Peles), quando estabeleceu-se na margem esquerda do Rio Colúmbia, no Fort Astoria, a primeira comunidade dos Estados Unidos na costa do Pacífico. Quando morreu era o homem mais rico dos Estados Unidos (ver mais em: https://pt.wikipedia.org/wiki/John_Jacob_Astor).

Joseph Cossman

(Pensilvania, 1918 — 2002), empresário americano (ver mais em: https://pt.wikiquote.org/wiki/Special:Search?search=joseph+cossman&fulltext=1&ns0=1).

Karl Marx

(Tréveris, 5 de maio de 1818 — Londres, 14 de março de 1883), foi filósofo, sociólogo, historiador, economista, jornalista e revolucionário socialista. Nascido na Prússia, mais tarde se tornou apátrida e passou grande parte de sua vida em Londres, no Reino Unido. A obra de Marx em economia estabeleceu a base para muito do entendimento atual sobre o trabalho e sua relação com o capital, além do pensamento econômico posterior. Publicou vários livros durante sua vida, sendo *O Manifesto Comunista* (1848) e *O Capital* (1867-1894) os mais proeminentes (ver mais em: https://pt.wikipedia.org/wiki/Karl_Marx).

Kenia Cristina Borges

poeta e escritora (ver mais em: https://www.pensador.com/autor/kenia_cristina_borges/).**Larry Page** (Lawrence Edward Page, mais conhecido como **Larry)**

(Lansing, 26 de março de 1973). Após a consolidação do Google como empresa, Larry Page foi nomeado como o primeiro diretor executivo. Em 2011 era considerado uma das 100 pessoas mais influentes do mundo pela revista *Time*. Ao deixar o cargo de CEO do Google em 10 de agosto de 2015, Sundar Pichai passa a assumir o comando da empresa, e Larry passou a controlar a Alphabet (ver mais em: https://pt.wikipedia.org/wiki/Larry_Page).

Lao-Tzu

Filósofo e escritor da Antiga China. É conhecido por ser o autor do importante livro *Tao Te Ching*, por ser o fundador do taoísmo filosófico e por ser uma divindade no taoísmo religioso e nas religiões tradicionais chinesas (ver mais em: https://pt.wikipedia.org/wiki/Lao_Zi).**Leon C. Megginson** (nascido em Thomasville, Alabama, USA 26 de julho de 1921 e falecido em 22 de Fevereiro de 2010), docente da LSU (*Louisiana State University*), passando a professor catedrático em 1960, antes de ser nomeado professor emérito ao se aposentar em 1977. Enquanto estava na LSU, Leon publicou cerca de 100 artigos e ganhou inúmeros prêmios por ensino e pesquisa (ver mais em: https://www.google.com/search?client=firefox-b-d&q=Leon+C.+Megginson).

Lord Chesterfield

(Londres, 22 de setembro de 1694 — Londres, 24 de março de 1773)

Philip Dormer Stanhope

4.º Conde de *Chesterfield* foi um político e escritor inglês (ver mais em: https://pt.wikipedia.org/wiki/Philip_Stanhope,_4.°_Conde_de_Chesterfield).

Louis Leo Holtz

é ex-jogador de futebol americano, treinador e analista. Ele serviu como treinador principal de futebol no *The College of William & Mary*, Universidade Estadual da Carolina do Norte (ver mais em: https://en.wikipedia.org/wiki/Lou_Holtz).

Malala Yousafzai

(nascida em Swat, 12 de julho de 1997) é uma ativista paquistanesa. Foi a pessoa mais nova a ser laureada com um prémio Nobel. É conhecida principalmente pela defesa dos direitos humanos das mulheres e do acesso à educação na sua região natal do vale do Swat na província de Khyber Pakhtunkhwa, no nordeste do Paquistão, onde os talibãs locais impedem as jovens de frequentar a escola. Desde então, o ativismo de Malala tornou-se um movimento internacional (ver mais em: https://pt.wikipedia.org/wiki/Malala_Yousafzai).

Mário de Miranda Quintana

(Alegrete, 30 de julho de 1906 — Porto Alegre, 5 de maio de 1994) foi poeta, tradutor e jornalista brasileiro, fez as primeiras letras em sua cidade natal, mudando-se em 1919 para Porto Alegre, onde estudou no Colégio Militar, publicando ali suas primeiras produções literárias. Traduziu mais de 130 obras da literatura universal, entre elas *Em Busca do Tempo Perdido* de Marcel Proust, *Mrs Dalloway* de Virginia Woolf, e *Palavras e Sangue*, de Giovanni Papini (ver mais em: https://pt.wikipedia.org/wiki/Mário_Quintana).

Mahatma Gandhi (Mohandas Karamchand Gandhi)

(2 de outubro de 1869 — 30 de janeiro de 1948) foi um advogado, nacionalista, anticolonialista e especialista em ética política indiano, que empregou resistência não violenta para liderar a campanha bem-sucedida para a independência da Índia do Reino Unido, e por sua vez, inspirar movimentos pelos direitos civis e liberdade em todo o mundo. O honorífico **Mahātmā**

(sânscrito: "de grande alma", "venerável"), aplicado a ele pela primeira vez em 1914 na África do Sul, é agora usado em todo o mundo (ver mais em: https://pt.wikipedia.org/wiki/Mahatma_Gandhi).

Mario Sergio Cortella

(Londrina, 5 de março de 1954) é um filósofo, escritor, educador, palestrante e professor universitário brasileiro. É autor de vários livros, entre os quais *Por que Fazemos o que Fazemos?*, em que analisa a vida profissional na contemporaneidade. Foi Secretário Municipal de Educação de São Paulo (1991–1992) no governo de Luiza Erundina (ver mais em: https://pt.wikipedia.org/wiki/Mario_Sergio_Cortella).

Mark Twain (Samuel Langhorne Clemens)

(Florida, Missouri, 30 de novembro de 1835 — Redding, Connecticut, 21 de abril de 1910), mais conhecido pelo pseudônimo **Mark Twain**, foi um escritor e humorista norte-americano crítico do racismo. É mais conhecido pelos romances *The Adventures of Tom Sawyer* (As aventuras de Tom Sawyer, 1876) e sua sequência *Adventures of Huckleberry Finn* (1885), este último frequentemente chamado de "O Maior Romance Americano" (ver mais em: https://pt.wikipedia.org/wiki/Mark_Twain).

Mark Williams

Professor de Psicologia Clínica na Universidade de Oxford. Foi um dos criadores da terapia cognitiva baseada na atenção plena e é um dos autores de The Mindful Way Through Depression (do livro Atenção Plena).

Maya Angelou (pseudônimo de Marguerite Ann Johnson)

(St. Louis, Missouri, 4 de abril de 1928 — Winston-Salem, Carolina do Norte, 28 de maio de 2014) foi uma escritora e poetisa dos Estados Unidos (ver mais em: https://pt.wikipedia.org/wiki/Maya_Angelou).

Mêncio

Filósofo chinês, o mais eminente seguidor do confucionismo depois de Confúcio e verdadeiro sábio (ver mais em: https://pt.wikipedia.org/wiki/Mêncio).

Michael Jeffrey Jordan

(Nova Iorque, 17 de fevereiro de 1963) é ex-jogador norte-americano de basquete profissional, atualmente dono da equipe da NBA, Charlotte Hornets. É considerado por muitos como o melhor jogador de basquete de todos os tempos e por muitos como um dos mais importantes desportistas masculinos da história (ver mais em: https://pt.wikipedia.org/wiki/Michael_Jordan).

Michel Foucault

(Poitiers, 15 de outubro de 1926 — Paris, 25 de junho de 1984) foi filósofo, historiador das ideias, teórico social, filólogo, crítico literário e professor da cátedra História dos Sistemas do Pensamento, no célebre Collège de France, de 1970 até 1984 (ano da sua morte) (ver mais em: https://pt.wikipedia.org/wiki/Michel_Foucault).

Michelangelo (di Lodovico Buonarroti Simoni)

(Caprese, 6 de março de 1475 — Roma, 18 de fevereiro de 1564), mais conhecido simplesmente como **Michelangelo** ou Miguel Ângelo, foi um pintor, escultor, poeta e arquiteto italiano, considerado um dos maiores criadores da história da arte do ocidente (ver mais em: https://pt.wikipedia.org/wiki/Michelangelo).

Moliére (Jean-Baptiste Poquelin)

mais conhecido como **Molière** (Paris, 15 de janeiro de 1622 — Paris, 17 de Fevereiro de 1673), foi um dramaturgo francês, além de ator e encenador, considerado um dos mestres da comédia satírica. Teve um papel de destaque na dramaturgia francesa, até então muito dependente da temática da mitologia grega. Molière usou as suas obras para criticar os costumes da época. É considerado o fundador indireto da Comédie-Française (ver mais em: https://pt.wikipedia.org/wiki/Molière).

Napoleão Bonaparte

(Ajaccio, 15 de agosto de 1769 — Santa Helena, 5 de maio de 1821) foi um líder político e militar durante os últimos estágios da Revolução Francesa. Adotando o nome de **Napoleão I**, foi Imperador dos Franceses de 18 de maio de 1804 a 6 de abril de 1814, posição que voltou a ocupar por poucos meses em 1815 (20 de março a 22 de junho). Sua reforma legal, o Código Napoleônico, teve uma grande influência na legislação de vários países. Através das guerras napoleônicas, ele foi responsável por estabelecer a hegemonia francesa sobre maior parte da Europa (ver mais em: https://pt.wikipedia.org/wiki/Napoleão_Bonaparte).

Nelson Rolihlahla Mandela

(Mvezo, 18 de julho de 1918 — Joanesburgo, 5 de dezembro de 2013) foi um advogado, líder rebelde e presidente da África do Sul de 1994 a 1999, considerado como o mais importante líder da África Negra, vencedor do Prêmio Nobel da Paz de 1993, e pai da moderna nação sul-africana, onde é normalmente referido como **Madiba** (nome do seu clã) ou "Tata" ("Pai") (ver mais em: https://pt.wikipedia.org/wiki/Nelson_Mandela).

Nolan Bushnell

(Clearfield, Utah, 5 de fevereiro de 1943) é um engenheiro eletricista e empreendedor americano, fundador da Atari e da rede de fast food *Chuck E. Cheese's* (ver mais em: https://pt.wikipedia.org/wiki/Nolan_Bushnell).

Norman Vincent Peale

(31 de maio de 1898, Bowersville, Ohio, Estados Unidos — 24 de dezembro de 1993, Pawling, New York, Estados Unidos) foi pastor e escritor americano de teorias sobre o pensamento positivo. É considerado nos Estados Unidos, o ministro dos "milhões de ouvintes", o doutor em "terapêutica espiritual". Tornou-se popular através da sua constante colaboração na imprensa, dos seus programas de rádio e de televisão, bem como pelos notáveis volumes em que se tem reunindo o melhor dos seus sermões (ver mais em: https://pt.wikipedia.org/wiki/Norman_Vincent_Peale).

Oliver Goldsmith

(Condado de Longford, 10 de novembro de 1728/1730 — Londres, 4 de abril de 1774) foi um médico escritor irlandês (ver mais em: https://pt.wikipedia.org/wiki/Oliver_Goldsmith).

Oprah Winfrey

(nome de nascimento **Oprah Gail Winfrey**) Kosciusko, 29 de janeiro de 1954) é apresentadora de televisão, atriz e empresária norte-americana, vencedora de múltiplos prêmios Emmy por seu programa The Oprah Winfrey Show, o talk show com maior audiência da história da televisão norte-americana. É também uma influente crítica de livros, uma atriz indicada a um Oscar pelo filme *A cor púrpura* e editora da revista *The Oprah Magazine*. De acordo com a revista Forbes, Winfrey foi eleita a mulher mais rica do ramo de entretenimento no mundo durante o século XX, uma das maiores filantropas de todos os tempos e a primeira mulher negra a ser incluída na lista de bilionários, em 2003. Em 2010, é a única mulher a permanecer no topo da lista por quatro anos. O The Oprah Winfrey Show foi transmitido durante vinte e cinco anos. Seu último programa foi ao ar em 25 de maio de 2011. Winfrey passou a dedicar-se à sua própria rede, Oprah Winfrey Network (OWN) e outros projetos pessoais. Oprah também é psicóloga e foi a apresentadora mais bem paga da história da televisão estadunidense, ganhando cerca de 50 milhões de dólares por mês com todas as suas incumbências profissionais (ver mais em: https://pt.wikipedia.org/wiki/Oprah_Winfrey).

Orison Swett Marden

foi um autor inspirador americano que escreveu sobre alcançar o sucesso na vida e fundou a revista *SUCESS*, em 1897. Seus escritos discutem princípios de senso comum e virtudes que contribuem para uma vida bem-sucedida e bem-arredondada (ver mais em: https://en.wikipedia.org/wiki/Orison_Swett_Marden).

Oscar Wilde

(**Oscar Fingal O'Flahertie Wills Wilde** ou simplesmente **Oscar Wilde**) (Dublin, Reino Unido da Grã-Bretanha e Irlanda, 16 de outubro de 1854 Paris, 30 de novembro de 1900) foi um influente escritor, poeta e dramaturgo britânico de origem irlandesa. Depois de escrever de diferentes formas ao longo da década de 1880, tornou-se um dos dramaturgos mais populares de Londres, em 1890. Hoje ele é lembrado por seus epigramas, peças e livros (ver mais em: https://pt.wikipedia.org/wiki/Oscar_Wilde).

Pablo Ruiz Picasso

(Málaga, 25 de outubro de 1881 — Mougins, 8 de abril de 1973), foi um pintor espanhol, escultor, ceramista, cenógrafo, poeta e dramaturgo que passou a maior parte da sua vida na França (ver mais em: https://pt.wikipedia.org/wiki/Pablo_Picasso).

Pascal (Blaise Pascal)

(Clermont-Ferrand, 19 de junho de 1623

Paris, 19 de agosto de 1662) foi um matemático, escritor, físico, inventor, filósofo e teólogo católico francês. Prodígio, Pascal foi educado por seu pai. Os primeiros trabalhos de Pascal dizem respeito às ciências naturais e ciências aplicadas. Contribuiu significativamente para o estudo dos fluidos. Ele esclareceu os conceitos de pressão e vazio, estendendo o trabalho de Torricelli. Pascal escreveu textos importantes sobre o método científico (ver mais em: https://pt.wikipedia.org/wiki/Blaise_Pascal).

Papa Francisco (Jorge Mario Bergoglio)

(Buenos Aires, 17 de dezembro de 1936), é o 266º Papa da Igreja Católica e atual Chefe de Estado da Cidade Estado do Vaticano, sucedendo ao Papa Bento XVI, que abdicou ao papado em 28 de fevereiro de 2013 (ver mais em: https://pt.wikipedia.org/wiki/Papa_Francisco).

Paulo Reglus Neves Freire

(Recife, 19 de setembro de 1921 — São Paulo, 2 de maio de 1997) foi um educador e filósofo brasileiro. É considerado um dos pensadores mais notáveis na história da pedagogia mundial, tendo influenciado o movimento chamado Pedagogia Crítica. É também o Patrono da Educação Brasileira. Sua prática didática fundamentava-se na crença de que o educando assimilaria o objeto de estudo fazendo uso de uma prática dialética com a realidade, em contraposição à por ele denominada educação bancária, tecnicista e alienante: o educando criaria sua própria educação, fazendo ele próprio o caminho, e não seguindo um já previamente construído; libertando-se de chavões alienantes, o educando seguiria e criaria o rumo do seu aprendizado. Destacou-se por seu trabalho na área da educação popular, voltada tanto para a escolarização como para a formação da consciência política (ver mais em: https://pt.wikipedia.org/wiki/Paulo_Freire).

Pequeno Príncipe

(o Livro), autor Antoine de Saint-Exupéry (Lyon, 29 de junho de 1900 litoral sul da França, 31 de julho de 1944) foi um escritor, ilustrador e piloto francês (ver mais em: https://pt.wikipedia.org/wiki/Antoine_de_Saint-Exupéry).

Peter Ferdinand Drucker

(19 de novembro de 1909, em Viena, Áustria — 11 de novembro de 2005, em Claremont, Califórnia, EUA) foi um escritor, professor e consultor administrativo de origem austríaca, considerado como o pai da administração moderna, sendo o mais reconhecido dos pensadores do fenômeno dos efeitos da globalização na economia em geral e em particular nas organizações — subentendendo-se a administração moderna como a ciência que trata sobre pessoas nas organizações, como dizia ele próprio (ver mais em: https://pt.wikipedia.org/wiki/Peter_Drucker).

Phill Knight (Philip H. Knight)

(Portland, 24 de Fevereiro de 1938) é o cofundador e ex-CEO da Nike, Inc. e proprietário da Laika Entertainment House (antigo Will Vinton Studios) (ver mais em: https://pt.wikipedia.org/wiki/Philip_H._Knight).

Pitágoras de Samos

(570 — 495 a.C.) foi um filósofo e matemático grego jônico creditado como o fundador do movimento chamado Pitagorismo. A maioria das informações sobre Pitágoras foram escritas séculos depois que ele viveu, de modo que há pouca informação confiável sobre ele. Nasceu na ilha de Samos e viajou o Egito e Grécia, em 520 a.C. voltou a Samos. Cerca de 530 a.C., mudou-se para Crotona, Grécia (ver mais em: https://pt.wikipedia.org/wiki/Pitágoras).

Platão

(Atenas, 428/427 — Atenas, 348/347 a.C.) foi um filósofo e matemático do período clássico da Grécia Antiga, autor de diversos diálogos filosóficos e fundador da Academia em Atenas, a primeira instituição de educação superior do mundo ocidental. Ele é amplamente considerado a figura central na história do grego antigo e da filosofia ocidental, juntamente com seu mentor, Sócrates, e seu pupilo, Aristóteles. Platão ajudou a construir os alicerces da filosofia natural, da ciência e da filosofia ocidental, e também tem sido frequentemente citado como um dos fundadores da religião ocidental, da ciência e da espiritualidade (ver mais em: https://pt.wikipedia.org/wiki/Platão).

Ralph Waldo Emerson

(Boston, 25 de maio de 1803 — Concord, Massachusetts, 27 de abril de 1882) foi um famoso escritor, filósofo e poeta estadunidense (ver mais em: https://pt.wikipedia.org/wiki/Ralph_Waldo_Emerson).

René Descartes

(La Haye en Touraine, 31 de março de 1596 — Estocolmo, 11 de fevereiro de 1650) foi um filósofo, físico e matemático francês. Durante a Idade Moderna, também era conhecido por seu nome latino **Renatus Cartesius**. Notabilizou-se sobretudo por seu trabalho revolucionário na filosofia e na ciência, mas também obteve reconhecimento matemático por sugerir a fusão da álgebra com a geometria — fato que gerou a geometria analítica e o sistema de coordenadas que hoje leva o seu nome. Por fim, foi também uma das figuras-chave na Revolução Científica (ver mais em: https://pt.wikipedia.org/wiki/René_Descartes).

Richard Hallan Grant

vice-presidente da Chevrolet Motor Company.

Richard Keith Armey

economista e político americano. Ele era um representante dos EUA do 26º distrito congressional do Texas e líder da maioria da Câmara (ver mais em: https://en.wikipedia.org/wiki/Dick_Armey).

Richard Whiteley

(John Richard Whiteley) era um apresentador e jornalista inglês, mais conhecido por seus 23 anos como apresentador do game *Countdown*. *Countdown* foi o programa de lançamento do canal 4 às 16h45 de 2 de novembro de 1982, e Whiteley foi a primeira pessoa a ser vista no canal (ver mais em: https://en.wikipedia.org/wiki/Richard_Whiteley).

Robert Francis Kennedy

(20 de novembro de 1925 — 6 de junho de 1968), apelidado de Bobby e também RFK, foi procurador-geral dos Estados Unidos de 1961 até 1964 tendo sido um dos primeiros a combater a Máfia, e Senador por Nova Iorque de 1965 até seu assassinato em junho de 1968. Ele foi um dos dois irmãos mais novos do presidente dos Estados Unidos, John F. Kennedy, e também um dos seus mais confiáveis conselheiros, Robert Kennedy acompanhou ativamente com o presidente a crise dos mísseis cubanos e fez uma importante contribuição no movimento pelos direitos civis dos afro-americanos (ver mais em: https://pt.wikipedia.org/wiki/Robert_F._Kennedy).

Robert Schuller Harold

(Alton, 16 de setembro de 1926 — Artesia, 2 de abril de 2015) foi um autor, televangelista, pastor e palestrante estadunidense. Conhecido principalmente por seu programa semanal de televisão *Hour of Power* que começou em 1970. Foi também o fundador da Catedral de Cristal, em Garden Grove, Califórnia (ver mais em: https://pt.wikipedia.org/wiki/Robert_H._Schuller).

Roberto Tadeu Shinyashiki

médico, palestrante, empresário e psiquiatra brasileiro nascido em 11 de fevereiro de 1952 (67 anos) na cidade de Santos, no estado de São Paulo. É autor de mais de 31 livros, sendo sua grande maioria best-sellers, com temáticas tais como *Alta Performance, felicidade, autoajuda, amor e objetivos de vida*. É um dos mais renomados e importantes palestrantes do Brasil, já tendo falado para mais de 29 milhões de pessoas ao longo de sua trajetória (ver mais em: https://pt.wikipedia.org/wiki/Roberto_Shinyashiki).

Roger Crawford

é a primeira e única pessoa na história americana a ser atleta da Associação Profissional de Tênis dos Estados Unidos e praticar um esporte universitário da Divisão I com uma deficiência grave. Hoje, ele é um palestrante motivacional, autor e ainda é um profissional de tênis certificado (ver mais em: https://www.google.com/search?client=firefox-b-d&q=roger+crowford).

Roger von Oech

(nascido em 16 de fevereiro de 1948, em Ohio) é palestrante, conferencista, escritor e criador de brinquedos voltados para o desenvolvimento da criatividade. Em 1975, von Oech cursou o doutorado na Universidade Stanford no programa interdisciplinar "História de Ideias". Logo depois, trabalhou como consultor para o desenvolvimento da criatividade em empresas como: Apple, IBM, Disney, Sony e Intel. Na década de 1980, criou e ministrou uma série de conferências, em Palo Alto, intitulada "Inovação na indústria", e contou com a participação de empresários do Vale do Silício, como: Steve Jobs, Bill Gates, Bob Metcalfe, Charles Schwab, Alan Kay e Nolan Bushnell, da Atari (ver mais em: https://pt.wikipedia.org/wiki/Roger_von_Oech).

Roland Barthes

(Cherbourg, 12 de novembro de 1915 — Paris, 26 de março de 1980) foi escritor, sociólogo, crítico literário, semiólogo e filósofo francês (ver mais em: https://pt.wikipedia.org/wiki/Roland_Barthes).

Ron Bern

é escritor e coautor de *Gone Fishin': The 100 Best Spots in New Jersey* (1998) (ver mais em: https://www.amazon.com.br/Gone-Fishin-Best-Spots-York/dp/0813527457).

Ronald W. Osborne

BA, FCA (1946 — 9 de abril 9 de 2013) era um executivo canadense nascido na Inglaterra, envolvido principalmente com organizações de mídia (ver mais em: https://en.wikipedia.org/wiki/Ronald_Osborne).

Rumi (Maulana Jalaladim Maomé)

(30 de setembro de 1207 — 17 de dezembro de 1273) foi poeta, jurista e teólogo sufi persa do século XIII. Seu nome significa literalmente "Majestade da Religião"; Jalal significa "majestade" e Din significa "religião". **Rumi** é, também, um nome descritivo cujo significado é "o romano", pois ele viveu grande parte da sua vida na Anatólia, que era parte do Império Bizantino dois séculos antes (ver mais em: https://pt.wikipedia.org/wiki/Jalaladim_Maomé_Rumi).

Sakichi Toyoda

(13 de fevereiro de 1867 — 30 de outubro de 1930) foi um inventor e empresário japonês. Ele nasceu em Kosai, Shizuoka. Filho de um pobre carpinteiro, Toyoda é chamado de "rei dos inventores japoneses" ou "pai da revolução industrial japonesa". Ele também é o fundador da Toyota Industries Co., Ltd. Ele inventou numerosos Dispositivos de tecelagem. Sua invenção mais famosa foi o tear mecânico automático no qual ele aplicou o princípio de Jidoka (automação). O princípio do Jidoka, significa que a máquina para automaticamente, toda vez que ocorre um problema, isso tornou-se, mais tarde, uma das ferramentas chave do Sistema de Produção da Toyota Industries Co., Ltd. Toyoda desenvolveu o conceito de 5 Porquês: quando ocorre um problema, pergunte "por que" cinco vezes para tentar encontrar a fonte do problema, em seguida, atua-se na fonte do problema para eliminá-lo de forma definitiva prevenindo que ocorra novamente. Este conceito é usado até hoje como parte da aplicação de metodologias LEAN para resolver problemas, melhorar a qualidade e reduzir desperdícios (ver mais em: https://pt.wikipedia.org/wiki/Sakichi_Toyoda).

São Francisco de Assis

Giovanni di Pietro di Bernardone, mais conhecido como São Francisco de Assis (Assis, 1181 ou 1182 — 3 de outubro de 1226), foi um frade católico da Itália. Depois de uma juventude irrequieta e mundana, voltou-se para uma vida religiosa de completa pobreza, fundando a ordem mendicante dos Frades Menores, mais conhecidos como Franciscanos, que renovaram o Catolicismo de seu tempo (ver mais em: https://pt.wikipedia.org/wiki/Francisco_de_Assis).

Santo Agostinho (Agostinho de Hipona)

(em latim: Aurelius Augustinus Hipponensis), conhecido universalmente como **Santo Agostinho**, foi um dos mais importantes teólogos e filósofos nos primeiros séculos do cristianismo, cujas obras foram muito influentes no desenvolvimento do cristianismo e filosofia ocidental. Ele era o bispo de Hipona, uma cidade na província romana da África. Escrevendo na era patrística, ele é amplamente considerado como sendo o mais importante dos padres da Igreja no ocidente. Suas obras-primas são *De Civitate Dei* (A Cidade de Deus, 2019) e *Confissões* (2019), ambas ainda muito estudadas atualmente (ver mais em: https://pt.wikipedia.org/wiki/Agostinho_de_Hipona).

Seneca (Lúcio Aneu Séneca)

Corduba 4 a.C. — Roma, 65) foi um dos mais célebres advogados, escritores e intelectuais do Império Romano. Conhecido como **o Filósofo**, ou ainda, **o Jovem**, sua obra literária e filosófica, tida como modelo do pensador estoico durante o Renascimento, inspirou o desenvolvimento da tragédia na dramaturgia europeia renascentista (ver mais em: https://pt.wikipedia.org/wiki/Seneca).

Sigmund Schlomo Freud

(Freiberg in Mähren, 6 de maio de 1856 — Londres, 23 de setembro de 1939; nascido **Sigismund**, mas mudou o primeiro nome em 1878) foi um médico neurologista e psiquiatra criador da psicanálise. Freud nasceu em uma família judaica, em Freiberg in Mähren, na época pertencente ao Império Austríaco (atualmente, a localidade é denominada Príbor, e pertence à República Tcheca) (ver mais em: https://pt.wikipedia.org/wiki/Sigmund_Freud).

Sócrates

(Alópece, 469 a.C. — Atenas, 399 a.C.) foi um filósofo ateniense do período clássico da Grécia Antiga. Creditado como um dos fundadores da filosofia ocidental, é até hoje uma figura enigmática, conhecida principalmente através dos relatos em obras de escritores que viveram mais tarde, especialmente dois de seus alunos, Platão e Xenofonte, bem como pelas peças teatrais de seu contemporâneo Aristófanes. Muitos defendem que os diálogos de Platão seriam o relato mais abrangente de Sócrates a ter perdurado da Antiguidade aos dias de hoje (ver mais em: https://pt.wikipedia.org/wiki/Sócrates).

Soren Aabye Kierkegaard

(Copenhague, 5 de maio de 1813 — Copenhague, 11 de novembro de 1855) foi um filósofo, teólogo, poeta e crítico social dinamarquês, amplamente considerado o primeiro filósofo existencialista. Durante sua carreira ele escreveu textos críticos sobre religião organizada, cristianismo, moralidade, ética, psicologia, e filosofia da religião, mostrando um gosto particular por figuras de linguagem como a metáfora, a ironia e a alegoria (ver mais em: https://pt.wikipedia.org/wiki/Soren_Kierkegaard).

Stephen Richards Covey

(Salt Lake City, 24 de outubro de 1932 — Idaho Falls, 16 de julho de 2012) foi um escritor estadunidense, autor do best-seller administrativo (classificado por alguns como livro de autoajuda) *Os Sete Hábitos das Pessoas Altamente Eficazes*, publicado pela primeira vez em 1989, como também do livro *Primeiro o Mais Importante* (1994), dentre outros. Foi fundador da *Covey Leadership Center* em Salt Lake City, Utah, e da "Covey" de FranklinCovey Corporation, que ensina a como fazer planejamentos nas organizações (ver mais em: https://pt.wikipedia.org/wiki/Stephen_Covey).

Stephen William Hawking

Oxford, 8 de janeiro de 1942 — Cambridge, 14 de março de 2018) foi um físico teórico e cosmólogo britânico reconhecido internacionalmente por sua contribuição à ciência, sendo um dos mais renomados cientistas do século. Doutor em cosmologia, foi professor lucasiano emérito na Universidade de Cambridge,um posto que foi ocupado por Isaac Newton, Paul Dirac e Charles Babbage. Foi, pouco antes de falecer, diretor de pesquisa do Departamento de Matemática Aplicada e Física Teórica (DAMTP) e fundador do Centro de Cosmologia Teórica (CTC) da Universidade de Cambridge (ver mais em: https://pt.wikipedia.org/wiki/Stephen_Hawking).

Steven M. Hronec

autor do livro *Sinais Vitais* (1994).

Steven Paul Jobs

(São Francisco, Califórnia, 24 de fevereiro de 1955 — Palo Alto, Califórnia, 5 de outubro de 2011) foi inventor, empresário e magnata americano no setor da informática. Notabilizou-se como cofundador, presidente e diretor executivo da Apple Inc. e por revolucionar seis indústrias: computadores pessoais, filmes de animação, música, telefones, tablets e publicações digitais. Além de sua ligação com a Apple, foi diretor executivo da empresa de animação por computação gráfica Pixar e acionista individual máximo da The Walt Disney Company. Morreu no dia 5 de outubro de 2011, aos 56 anos de idade, devido a um câncer pancreático (ver mais em: https://pt.wikipedia.org/wiki/Steve_Jobs).

Suze Orman (Susan Lynn)

é consultora financeira americana, autora e apresentadora de podcasts. Em 1987, ela fundou o Suze Orman Financial Group. Seu trabalho como consultora financeira ganhou notoriedade com o The Suze Orman Show, que foi exibido na CNBC de 2002 a 2015 (ver mais em: https://en.wikipedia.org/wiki/Suze_Orman).

Tales de Mileto

(c.624 — 546 a.C.) foi filósofo, matemático, engenheiro, homem de negócios e astrônomo da Grécia Antiga, considerado, por alguns, o primeiro filósofo ocidental. De ascendência fenícia, nasceu em Mileto, antiga colônia grega, na Ásia Menor, atual Turquia (ver mais em: https://pt.wikipedia.org/wiki/Tales_de_Mileto).

Theodore Roosevelt (Theodore Roosevelt, Jr.)

(Nova Iorque, 27 de outubro de 1858 — Oyster Bay, 6 de janeiro de 1919) foi militar, explorador, naturalista, autor e político norte-americano que serviu como o 26º Presidente dos Estados Unidos de 1901 a 1909, tendo ascendido à presidência depois de brevemente atuar como o 25º vice-presidente. Roosevelt foi o líder do Partido Republicano durante sua época, sendo uma das principais forças da Era Progressista no início do século XX nos Estados Unidos (ver mais em: https://pt.wikipedia.org/wiki/Theodore_Roosevelt).

Thomas Alva Edison

(Milan, Ohio, 11 de fevereiro de 1847 — West Orange, Nova Jérsei, 18 de outubro de 1931) foi um empresário dos Estados Unidos que patenteou e financiou o desenvolvimento de muitos dispositivos importantes de grande interesse industrial. O Feiticeiro de Menlo Park (The Wizard of Menlo Park), como era conhecido, foi um dos primeiros a aplicar os princípios da produção maciça ao processo da invenção. Na sua vida, Thomas Edison registrou 2 332 patentes (ver mais em: https://pt.wikipedia.org/wiki/Thomas_Edison).

Thomas Carlyle

(Ecclefechan, 4 de dezembro de 1795 — Londres, 5 de fevereiro de 1881) foi um escritor, historiador, ensaísta e professor escocês durante a era vitoriana. Ele chamou a economia de "ciência sombria", escreveu artigos para a Edinburgh Encyclopédia, e tornou-se um polêmico comentarista social (ver mais em: https://pt.wikipedia.org/wiki/Thomas_Carlyle).

Thomas Jefferson

(Shadwell, 13 de abril de 1743 — Charlottesville, 4 de julho de 1826) foi o terceiro presidente dos Estados Unidos (1801-1809), é o principal autor da declaração de independência (1776) dos Estados Unidos. Jefferson foi um dos mais influentes *Founding Fathers* (os "Pais Fundadores" da nação), conhecido pela sua promoção dos ideais do republicanismo nos Estados Unidos. Visualizava o país como a força por trás de um grande "Império de Liberdade" que promoveria o republicanismo e poderia combater o imperialismo do Império Britânico (ver mais em: https://pt.wikipedia.org/wiki/Thomas_Jefferson).

Vagner Xavier

Vagner Tiago Xavier da Silva, é escritor e poeta natural da cidade de Londrina-PR radicado em Florianópolis-SC, lançou em 2012 seu primeiro livro de poesias intitulado em Mais uma noite pela editora carioca Multifoco (ver mais em: http://www.pensamentosvalemouro.com.br/2017/10/cafe-poetico-vagner-xavier.html).

Voltaire

(François-Marie Arouet, mais conhecido pelo pseudônimo Voltaire)

(Paris, 21 de novembro de 1694 — Paris, 30 de maio de 1778), foi um escritor, ensaísta, deísta e filósofo iluminista francês. Conhecido pela sua perspicácia e espirituosidade na defesa das liberdades civis, inclusive liberdade religiosa e livre comércio, é uma dentre muitas figuras do Iluminismo cujas obras e ideias influenciaram pensadores importantes tanto da Revolução Francesa quanto da Americana. Escritor prolífico, Voltaire produziu cerca de 70 obras em quase todas as formas literárias, assinando peças de teatro, poemas, romances, ensaios, obras científicas e históricas, mais de 20 mil cartas e mais de 2 mil livros e panfletos (ver mais em: https://pt.wikipedia.org/wiki/Voltaire).

Walter Bagehot

(Somerset, 3 de fevereiro de 1826 — Langport, 24 de março de 1877) foi jornalista, empresário e ensaísta britânico, que escreveu extensivamente sobre Governo, Economia e Literatura. É usualmente considerado um dos mais brilhantes analistas políticos britânicos do século XIX (ver mais em: https://pt.wikipedia.org/wiki/Walter_Bagehot).

Walter Elias Disney (conhecido por Walt Disney)

(Chicago, 5 de dezembro de 1901 — Los Angeles, 15 de dezembro de 1966), foi um produtor cinematográfico, cineasta, diretor, roteirista, dublador, animador, empreendedor, filantropo e cofundador da *The Walt Disney Company*. Tornou-se famoso por seu pioneirismo no ramo das animações com a Disney, tendo produzido o primeiro longa-metragem de animação, *Branca de Neve e os Sete Anões* (1937), e pelos seus personagens de desenho animado, como Mickey e Pato Donald. Ele também é o idealizador dos parque temáticos sediado nos Estados Unidos: Disneylândia e Walt Disney World Resort. Ao longo da sua vida foi um símbolo da indústria da animação e um ícone da cultura popular (ver mais em: https://pt.wikipedia.org/wiki/Walt_Disney).

Walter Philip Reuther

(1 de setembro de 1907 — 9 de maio de 1970) foi um líder sindicalista estadunidense, que fez da União dos Trabalhadores Automobilísticos uma grande força, não apenas na indústria automobilística, mas também no Partido Democrata, na metade do século XX (ver mais em: https://pt.wikipedia.org/wiki/Walter_Reuther).

Walter Savage Landor

(Warwick, 30 de janeiro de 1775 — Florença, 17 de setembro de 1864) foi um escritor e poeta inglês (ver mais em: https://pt.wikipedia.org/wiki/Walter_Savage_Landor).

William James

(Nova Iorque, 11 de janeiro de 1842 — Tamworth, 26 de agosto de 1910) foi um filósofo e psicólogo americano e o primeiro intelectual a oferecer um curso de psicologia nos Estados Unidos. James foi um dos principais pensadores do final do século XIX e é considerado por muitos como um dos filósofos mais influentes da história dos Estados Unidos enquanto outros o rotularam de "pai da psicologia americana" (ver mais em: https://pt.wikipedia.org/wiki/William_James).

William Shakespeare

(Stratford-upon-Avon, 1564 (batizado a 26 de abril) — Stratford-upon-Avon, 23 de abril de 1616) foi um poeta, dramaturgo e ator inglês, tido como o maior escritor do idioma inglês e o mais influente dramaturgo do mundo (ver mais em: https://pt.wikipedia.org/wiki/William_Shakespeare).

Zygmunt Bauman

(Poznań, Polônia, 19 de novembro de 1925 — Leeds, Reino Unido, 9 de janeiro de 2017) foi um sociólogo e filósofo polonês, professor emérito de sociologia das universidades de Leeds e Varsóvia (ver mais em: https://pt.wikipedia.org/wiki/Zygmunt_Bauman).

Nessa breve apresentação dos citados, não foi incluído Jesus Cristo por dois motivos: primeiro, que a apresentação Dele não caberia neste livro e, segundo, que a apresentação Dele é dispensável, pois o mundo conhece e glorifica nosso Senhor Jesus Cristo.